# 百　年　华　诞

# 南通博物苑文物精华

南通博物苑　编

文物出版社

# 目 录

# 图版目录

## 上篇

## 下篇

# 序言

我国文物品类丰富，浩如烟海，是人类宝贵的文化遗产，也是历史发展进程的见证。这些文物，积淀了中华民族的优良传统和精神，以其独特的魅力感召着世人，激励和鼓舞着人们继往开来，努力去创造更加美好的明天。

然而，在中国的公共博物馆问世之前，众多的文物或闭锁于深宫幽院，或秘藏于民间私宅，其作用和功能的发挥有很大的局限性。在中国，倡导利用建造博物馆展示文物来教育民众并首先付诸实践的，当推近代实业家、教育家张謇先生。1905年他在《上南皮相国请京师建设帝室博览馆议》中指出："伟矣哉！我国有历史以来，今四千余年矣。其附丽于历史而可资考证者，曰经籍，曰图绘，曰金石之属。皇古迄今，不可胜计。所以绵绵延延赖以不堕者，实由聚于上者，有朝廷之征求；聚于下者，有私家之搜辑。但朝廷之征求尊为中秘之藏；而私家之搜辑，则囿于方隅，限于财力。故扃键锢箧，私于其家者有之，不能责以公诸天下也。居今稽古，其道未由。承学之士，久相慨惜。是以朝野上下，今日所亟宜裁省而补救之者。"张謇先生奔走呼号，上下求索，在屡次上书建议设立帝室博览馆而无望后，身体力行，在家乡南通首开中国人自办博物馆之先河，创建了中国第一座公共博物馆——南通博物苑。

早期的南通博物苑是一座兼有植物园、动物园性质的博物馆。她融人文历史与自然科学于一体，除了收藏、陈列历代珍器、名人字画之外，还藏有各种动植物标本以及化石、矿石、土壤等标本。园内则广植珍贵植物，饲养小型动物。博物苑广泛征集国内外，特别是地方文物，在弘扬传统文化，彰显地方文明，激发社会公众爱国热情等方面发挥了重要作用。南通博物苑通过科普展示，以科学的精神引导社会生产、生活，对南通社会公众科学精神的培养产生了积极的影响。博物苑独特的风貌和现代文化气息也吸引了诸多来访南通的社会名流。如京剧表演艺术家梅兰芳、美国著名哲学家杜威博士，参加在南通召开的中国科学社第七次年会的代表梁启超、杨杏佛、竺可桢、秉农山、丁文江、邹秉文、陶行知等都特别前来参观南通博物苑。博物苑也是展示近代南通城市文明进步、社会发展的窗口。从建苑到20世纪20年代初，历经十余年的规划、建设，南通博物苑逐渐走向兴盛。但自1926年张謇逝世以后，由于经费紧缺，博物苑逐步走向衰微。 1937年抗战爆发，次年南通沦陷，博物苑沦为日军马厩，变成了一座废园。

新中国建立以后，南通博物苑的恢复、保护和建设得到各级政府和部门的高度重视与关心。1950年，南通市政府着手恢复南通博物苑，修建结束，以南通博物馆和人民公园两个单位的名义对外开放。自1952年始，经历了几度撤并、更名，至1979年恢复“南通博物馆”名称。1984年，恢复原名“南通博物苑”。1988年，被国务院公布为全国重点文物保护单位。1990年，南通市人大常委会作出了《保护和建设南通博物苑的决议》。1999年，南通市委、市政府将原划建为人民公园的园林部分正式并入南通博物苑，中西合璧、馆园结合的历史风貌得以恢复。2001年，具有深厚文化底蕴、遍布近代史迹的濠南路改造工程，使坐落于濠南路边的南通博物苑走出深闺、走近公众，丰富的人文资源被社会所认知。

众所周知，文物藏品是博物馆一切工作的基础。张謇先生在搜集文物标本、规划建设博物苑的过程中，可谓殚精竭虑，呕心沥血。他身体力行、率先垂范，倾其所有，向博物苑捐赠了大量文物、标本和花木鸟兽。在张謇的感召下，一大批地方文物得以入苑保藏。他利用自己的声望和地位，通过各种渠道向社会广为征集，不仅着重本地的，还兼及外地甚至外国的文物。此外，他还不惜重金，有目的地购买一些珍贵文物，以充实博物苑的收藏。令人十分痛心的是，南通博物苑在抗战期间所遭受的那场空前的浩劫，使苑藏文物几乎损失殆尽，博物苑早期的文物藏品目前仅存150余件。新中国建立以来，在党和国家以及社会各界的关怀下，经过几代博物苑人数十年的不懈努力，通过广泛征集、接受捐赠、考古发掘、馆际交流，使苑藏文物、标本达到四万余件，其中不乏越窑青釉皮囊式壶等文物精品，同时还新增了大量反映南通地区革命斗争和社会主义建设的珍贵文物。

2005年，是南通博物苑建苑100周年。借此机会，博物苑精选了建苑以来各个时期收集的历代文物120余件，编印了这本《南通博物苑文物精华》图集。如果说，藏品是博物馆的根本，那么这本图集所展示的，则包括了中国最早具有博物馆藏品意义的一批文物，它们不失为中国博物馆藏品之精髓，印证了中国第一所博物馆发展的世纪履痕，也是中国博物馆事业发展的一个缩影。

希望这本图集能够起到“觇古今之变迁，验文明之进退”的作用，使“凡以为学于斯者，睹器而识其名，考文而知其物，纵之千载，远之异者，而昭然近列于耳目之前。”并藉以缅怀先贤，激励来者。愿我们的博物馆事业蓬勃发展，不断前进！

南通市文化局副局长、南通博物苑苑长 王栋云

2005年7月18日

# 前 言

2005年，是南通博物苑百年华诞，也是中国博物馆事业发展一百年。

一个世纪前，张謇先生以实干家的精神、拓荒者的勇气创办了南通博物苑。博物苑始建时没有任何文物藏品，张謇将自家珍藏的文物全部捐赠给博物苑，开创私人向博物馆捐赠文物之先河。张謇以自己的表率行为感召师友亲朋和社会各界，获赠一大批文物。同时，还通过购买、自行采集制作等途径征集、入藏文物和标本，大大丰富了博物苑的藏品。根据《南通博物苑品目》及品目号外著录，早期博物苑藏有文物、标本共计3605号。就藏品数量和藏品质量来说，这与当代任何一个稍具规模的博物馆都是不能相提并论的。然而，从一个国人对博物馆的认识还处于蒙昧状态的时代来说，它告诉人们的是博物苑创始人的无比艰辛。张謇先生有一段很朴实的话语："天之生人也，与草木无异。若遗留一二有用事业，与草木同生，即不与草木同腐。故踊跃从公者，做一分便是一分，做一寸便是一寸，鄙人办事亦本此意。"张謇的这种执著精神也体现在文物搜集活动中："夫亦谓不夸嵩华但为培塿，不侈沧海但为涔沚，岁亦高之而亦将有峙焉，深之而亦将有潭焉者，无自小而慑矣。以是锲而不舍者亦且十年。"新中国建立后，博物苑人传承张謇先生的文物征集思想，并以他孜孜以求、不懈努力的精神为动力，立足本地，面向国内外，认真、踏实地开展工作，入藏了大量具有较高的历史、艺术、科学价值的古代文物、近现代文物、自然标本，共计四万余件。尤为值得庆幸的是，有150余件张謇时期的藏品历经沧桑，重新回归了博物苑。

《南通博物苑文物精华》图集是从苑藏品中遴选了120件（组）文物汇集而成，基本反映了南通博物苑一百年来文物收藏、保护、研究的成果。书中收录的文物，除了精美绝伦的工艺品，也有少量具有特定的历史价值、科学价值和具有南通地域特色的文物，以及反映张謇创办博物苑历史的、体现其文物征集思想的早期苑藏品。书画作品的选取以苑藏明、清时期精品书画为主，还选取了部分南通地方名家的作品。在编排上作以下考虑：其一，文物精品集分为上、下两篇，这主要是兼顾到图集在版式上的美观与和谐。上篇主要收录工艺珍品和具有特殊历史价值的文物；下篇则全部以书画独立成篇。其二，图集中文物排序均以时代先后编排。工艺珍品以其所属年代为序；书画作品以作者出生年代或作品创作年代为序（个别因排版需要稍有变动）。其三，图集主要内容分为两部分，第一部分为文物图版，第二部分为文物说明。

南通博物苑的文物藏品是博物苑同仁辛勤耕耘的结晶。一百年来，博物苑同仁在文物征集、保护、研究等方面做出了极大的努力和贡献。为了让人们更加全面深入地了解南通博物苑，特别是为了展示苑藏文物精品的风采，我们编纂了《南通博物苑文物精华》，但愿能起到“窥一斑而知全豹”的作用。同时，我们也以本图集作为献给南通博物苑百年华诞暨中国博物馆事业发展一百周年的一份礼物。

编　者

2005年8月

# 不夸嵩华但为培塿　不侈沧海但为涔沚
## ——南通博物苑收藏百年

陈金屏

早在19世纪末20世纪初，清末状元，近代伟大的爱国主义者，著名的实业家、教育家张謇先生，为实现实业救国、教育救国的理想，在家乡南通进行了实业、教育、文化、慈善等领域的一系列变革，从而探索出了一条适合中国国情的早期现代化道路。南通博物苑正是中国早期现代化的重要成果之一。

张謇认为，“民智未开”是中国积贫积弱的根本原因，中国要自强自立，必须从“开民智、明公理”入手。光绪二十九年（1903年），张謇应邀参观了日本第五次国内劝业博览会，并专门考察了日本的教育机构、博物馆、图书馆等社会事业。这使张謇充分认识到，日本和西方各国的文明进步与学校、图书馆、博物馆的普及是分不开的。1905年，张謇分别以《上南皮相国请京师建设帝室博览馆议》、《上学部请设博览馆议》为题上书清朝政府，他不仅从我国历朝典章制度中引经据典，更以西方国家快速发展的经验为论据，阐述了创办博物馆和图书馆的必要性、迫切性。在建议政府建立帝室博览馆未果的情况下，1905年，张謇回到家乡，创建了南通博物苑，以此垂范全国。

1904年，为配合通州师范学校教学，张謇曾在校西对岸迁荒冢千余座，购地三十余亩，规划了公共植物园。1905年，张謇在植物园的基础上重新规划建成南通博物苑。博物苑先后筑建了中馆、南馆、北馆作为主要展馆。中馆为三间平房，曾作为观测气象的测候所，后加建气楼，改造为碑帖陈列室。南馆是一座典雅别致的英式二层楼房，平面呈十字形，顶部四周砌有城垛装饰，这是博物苑主要的陈列室，分别展出天产、历史、美术、教育四部文物。北馆是五开间的二层楼房，楼下陈列吕四海滨出土的长达12米的鲸骨架，楼上专门陈列通如泰海地区名家书画。苑区内则广植珍贵树木，饲养珍禽走兽，还建有风车、水塔、假山、荷池、藤棚等园林设施。这是一座融中国古代苑囿和西方博物馆于一体，富有中国特色的博物馆，真正体现了张謇先生“设为庠序学校以教，多识鸟兽草木之名”的办苑宗旨。张謇并非第一个倡议建立博物馆的人，但可贵之处在于他不仅积极倡导，而且付诸行动——以自己的财力、物力首创南通博物苑。张謇是中国博物馆事业的先行者、开创者。同样，对于博物馆文物收藏，张謇也是早期的研究者、实践者，并以此发轫了博物苑的百年收藏。

## 一、早期博物苑收藏概述

### （一）张謇的文物征集、收藏思想

张謇认为，创办博物馆“上可以保存国学，下可以嘉惠士林。”因而，他对文物征集、收藏工作非常重视。在《上南皮相国请京师建设帝室博览馆议》、《上学部请设博览馆议》中，他从征集办法、藏品分类等方面多次阐述其文物征集思想和主张。南通博物苑初创时期没有任何文物藏品，张謇为之殚精竭虑，亲自向社会各界进行征集，积累了丰富的实践经验。这些理论和实践都是我国博物馆文物征集、藏品研究工作的宝贵财富。其主要思想体现在以下几个方面：

1．国家出其所藏，收藏故家出其所珍

我国对文物收藏有着悠久的历史，然而，自古以来收藏者秘而不宣。对此，张謇曾发出这样的感慨：“朝廷之征求，尊为中秘之藏；而私家之搜辑，则囿于方隅”。通过考察，张謇了解到日本帝室博览馆的文物藏品是“盖其国家尽出其历代内府所藏，以公于国人，并许国人出其储藏，附为陈列”，“泰西诸国博物苑之制，举政府之力，倾一国人之输向营之，费恒数百万千万，如是其盛也。” 张謇认为“则曩所谓聚于上者，既已廓然昭示大众，则聚于下者，亦必愿出而公诸天下矣。”即国家拿出珍藏，对民众必有感召作用，那么收藏家、民众必愿意捐出自己的珍藏公诸于天下。张謇觉得这种办法也适合我国国情，便援引此例建议政府参照此法，“盖赐出内藏，诏征进献，则足以垂一代之典谟，震万方之观听。”

在张謇看来，私家之珍藏文物公诸天下，即化私为公对文物保护有着更为重要的意义。明代顾大司马的珠媚园中有一美人石，因园易主，石被人拆运常熟送给翁同龢，因变故中途弃置于江边，遭风雨侵蚀、污垢缺裂。张謇痛惜不已，便耗资将美人石运回博物苑陈列于国秀坛中，他感叹道：“倆以华产异卉珍花，与众守之，数百年后，或者稍异于一姓之物之变迁乎？” 在《通州博物馆敬征通属先辈诗文集书画及所藏金石古器启》中，张謇号召“大雅宏达，收藏故家，出其所珍，与众共守。”并在化私为公方面率先垂范，开创个人向国家捐献文物之先河。

至于向个人征集文物，张謇坚持捐赠者自愿的原则，认为此事“不在官方之强迫，而在众愿之赞成。应先宣布，以免吏胥借端征索。”同时对捐献文物者要给予表彰与奖励，并建议：“如价值巨万，当特别褒赏，以示激劝。且许分室储贮，特为表列，其余呈进，亦付储藏。”甚至“自应破格奖励，不惜爵赏”，这一原则完全是出于对捐赠者的保护、鼓励，从中我们可体会到张謇对文物征集的重视。

2．文物征集“纵之千载，远之异国”

对于创办博物馆，张謇有着明确的宗旨。第一，补充学校教育。张謇认为：“窃维东西各邦，其开化后于我国，而近今以来，政举事理，且駸駸为文明之先导矣。掸考其故，实本于教育之普及，学校之勃兴。……盖有图书馆、博物院以为学校之后盾，使承学之彦有所参考，有所实验，得以综合古今，搜讨而研论之耳。”第二，普及科学知识。“因授博物课仅恃动植矿之图画，不足以引起兴味；国文、历史课仅恃书籍讲解，不足以征事物。图地方人民知识之增进，亦必先有实观之处所。”第三，保护传统文化和文物。1900年八国联军占领津京后，上自典章文物、下至国宝奇珍几乎被掳掠殆尽。张謇根据万国公法《邦国交战例》的有关规定，主张设立博物馆作为在战时保护文化遗产的方法。

基于上述的想法，张謇提出“凡以为学于斯者，睹器而识其名，考文而知其物，纵之千载，远之异国者……”的主张，“外而欧、美、澳、阿，内而荐绅、父老，或购或乞，期备百一。其于我通属也，历史部拟求官府寺庙唐、宋、元、明之碑，旧家金石车服之器；美术部拟求老师先生经史词章之集，方技书画之遗。”以博物苑收藏的文物为例，从时间上来说，石器时代、商周时期，直至明、清各代，能搜集到的均有入藏；从地域上讲，除了本地区的、国内的藏品之外，还有日本、朝鲜、南洋群岛，乃至意大利、美国的物品。

“纵之千载，远之异国者”是张謇征集文物的良好愿望，但他也是一个实事求是、脚踏实地的人。他曾在博物苑中馆匾额中题写道：“中国金石至博，私人财力式微，搜采准的务其大者，不能及全国也，以江苏为断，不能得原物也，以拓本为断。”这段题语是张謇对博物苑收集金石的主张。“务其大者”就是说要抓住重点，两个“为断”表达了张謇量力而行、实事求是的文物征集方针。

3．文物、标本与动植物活体兼收

张謇参考西欧国家博物馆收藏体系，认为博物馆的搜集分为天然、历史、美术三部，“凡动、植、矿物皆天然之属，凡金石、车服、礼器皆历史之属，凡书画、雕绣、漆塑、陶瓷皆美术之属。”这一主张完全体现在博物苑的藏品征集、收藏中。博物苑除了藏有历代珍器、名人字画之外，还有各种自然、矿石标本，博物苑自行采集制作的动、植物标本。与此同时，国秀坛内栽种了牡丹、芍药，竹坛则有淡竹、紫竹、湘妃竹、慈孝竹、黄金间碧玉竹等二十多种竹子。此外，还特设了一个“例外竹坛”，栽植称之为竹而并非竹的天竹、文竹等。在中馆前的药坛种植有各类本地的中草药材。秋色坪专门植有桂花、秋海棠等秋季花草；苑内饲养金鸡、火鸡、鸵鸟、鹭鸶、鸳鸯、鸸鹋、孔雀、鹳鹤等禽类，鹿、兔、猴猿、山羊、熊鼠等小型动物。动、植物标本与活体兼备，使博物苑陈列更具直观性、科学性、趣味性。

## （二）早期博物苑的藏品征集

从1905年初创到1914年，博物苑征集文物2793号，至1933年文物藏品增至3605号，主要的征集途径如下：

1．接收个人捐赠

早期博物苑的藏品中，最早最多的个人捐赠即来源于张謇。正如张謇所说："謇家所有，具已纳入"。在给爱子张孝若的家书中，除了殷殷关切之语，也不忘吩咐："……中间所陈列之香炉（大小各一）二、瓷器二，西房陶器（大桃子花缸）一，时大彬茶壶一（须用盐擦垢），均送博物陈列馆，皆我赠品，属子鉠记册。""……皮雕竹笔筒制意颇佳，送博物馆收"。在张謇当年捐赠的物品中有一尊牙雕孔雀明王像，底部镌有张謇的亲笔题记："民国十年辛酉六月夏历五月謇六十有九，海门郁君寿丰赠牙琱大士像一躯，极精美。因赠博物苑南馆美术部永宝存之。"据题记所述，这是张謇六十九寿辰时友人赠送的礼物，因其精美也将之捐赠给博物苑了。

同时，张謇又以个人的影响和地位向师友亲朋发出了大量信函以求得资助。在他的感召下，诸多收藏家和张謇的亲朋好友们也向博物苑捐赠了大量文物。如张謇好友，两江总督、大收藏家端方向博物苑捐赠了汉代陶器，汉、晋砖，唐地券、墓志、石刻拓本等数十件珍贵的文物；朝鲜爱国诗人、历史学家金沧江捐赠朝鲜冠服多件；著名刺绣艺术大师沈寿生前立遗嘱，将她在美国巴拿马万国博览会获一等奖的刺绣《耶稣像》、为美国当红女明星倍克绣制的《美伶倍克像》，以及慈禧太后奖赏的四等商勋、意大利皇后回赠的金刚石圈金表赠送给博物苑。张謇的儿子张孝若也向博物苑捐赠美国总统林肯的床木和波士顿市长送给他的金钥匙等等。个人捐赠在早期博物苑的藏品中占了相当高的比例。

2．团体捐赠

在苑藏文物中，也集中了一批社会团体或机构的捐赠品。如南通县军政府、司法署移交的近代地方文物，本地的玄妙观、南京的栖霞寺、杭州的宋代古刹辩利院捐赠的文物等。清宣统二年（1910年），南洋劝业会在南京召开，这是我国举办的"罗列百货以裨磨砺"的首次大型博览会，张謇任大会审查长，实则他是这次劝业会的推动者、组织者。劝业会设有三类展馆：一是工艺、教育、机械、通运、农业、水产、卫生、武备等专业馆；二是各个省展馆；三是参考馆，有美、英、德、日等国的展品。劝业会结束后，张謇以其特殊身份积极募集，各省向博物苑捐赠了大量的劝业会期间展出的动物、矿物标本。

3．自行采集制作

博物苑藏品中有大量的自然标本，据统计，这些标本占藏品总数的62.8%。考其来源，除了购买、接收捐赠以外，主要就是野外采集、苑内培植、自制。如在吕四海滨采集的水产品，在南通狼山、军山一带采集的药草，以及博物苑饲养的鸟兽死亡以后，由博物苑第一任主任孙钺制作成标本。

4．购买

为充实苑藏，张謇先生也有目的地购买一些珍贵文物。1910年，张謇在南京南洋劝业会上看到著名的露香园顾绣《董其昌行书节录昼锦堂记绣屏》12幅，白缎地，蓝色绒绣，极为精美。著名刺绣艺术家沈寿看了以后也惊叹其绣制工艺的精湛。劝业会闭幕时日本人欲争购，张謇不惜重金购得并立即送至博物苑收藏。为此，张謇特撰《记顾绣董香光书昼锦堂记》记述此事："阅世编露香园绣价最贵，所谓画绣也，今已无传其制者。余沈夫人于数百年后，独具真鉴，使是屏声价顿跃起于众人耳目之前，益叹世之瑰才琦行，沦落而不遇者，天实掎之，于众人无与也。商与伟如，以三百银元购归，藏之博物馆，而记其事以告后人。"

（三）藏品保管与分类研究

文物、标本是博物馆的灵魂，是开展一切活动的基础。因而，文物的"公诸天下"不仅是征集、展示，重要的是还包含了对文物的保管、鉴定、研究等工作，这是博物馆业务活动的出发点也是宗旨。

博物苑本着"不夸嵩华但为培塿，不侈沧海但为涔沚"的精神，经十年锲而不舍、孜孜以求，终"岁益高之而亦将有峙焉，深之而亦将有潭焉"。当苑藏品数量初具规模时，博物苑开始了对文物、标本的鉴定、分类、登记、编目。首先是对苑藏品名称的考定。属天产部的考其拉丁文学名，科学分类和产地；属历史和美术两部的，考其年代、作者和真赝，并撰写简短的说明，制订卡片，分类造册。鉴定工作仍由孙钺主持，同时，邀请了一些专家，如金石家诸宗元、画家陈衡恪、考古学家宣子野、古典文学家尤亚笙、朝鲜诗人金沧江，以及日本博物教师木村忠治郎等参与共同研究。

博物苑藏品的分类原则是：以部为分，每部之下依次为大类、小类、细目等几个层次。小类以下的划分则分别按其学科，或品种、质地、形式、用途、类型等，各就所宜，不求一律。至于编排顺序，"天然部以所产所得之方地为等差，历史、美术二部以所制造之时代为等差。" 1914年，博物苑在对藏品鉴定、研究、分类的基础上，编印了《南通博物苑品目》（上、下册），对苑藏文物进行著录。《品目》设有七个栏目：第一，序号。依次登记，只代表次序不表示数量。第二，品名。如天产部藏品名有中文名称，及拉丁文或英文学名相对照；历史、美术部文物名，一般由时代、作者(或产地)、纹饰、质地、器形五方面内容组成。历史部的文物还在名称下标明功用，如酒器、食器、炊器、兵器、乐器、供器等。品名下附有件数和计量单位。第三，品物所产时代、地点。第四，注明真、伪或仿制。第五，来源。说明藏品捐赠团体或个人，采集、制作者，或苑费购买等情况。第六，放置处所。标明藏品陈列展出地点，或是种植、饲养处所。第七，考证、鉴定意见。对部分考证、鉴定过的藏品作记载。

《南通博物苑品目》是我国博物馆事业最早的文献之一，藉此可窥当年博物苑的收藏概貌。早期博物苑藏有天产部、历史部、美术部和教育部四大部文物、标本。天产部包括动物、植物、矿物三类；历史部包括金、玉石、瓷陶、拓本、土木、服用、音乐、遗像、写经、画像、卜筮、军器、刑具、狱具等类；美术部包括书画、瓷陶、雕刻、漆塑、绣织、缂丝、编物、铁制、烙绘、铅笔画、纸墨等类；教育部包括科举、私塾、学校三类。

### （四）藏品劫难

1926年，张謇去世，已陷于中国民族资本困境的大生系统企业更是难以维持，由其资助的博物苑也走进了低谷。博物苑一度由附属通州师范学校转而附属南通学院，以后重又为通州师范学校代管，情况日见凋敝。据1932年9月4日《通光日报》的报道，即可见一斑：“……南北两馆东边的兽室也是十室九空，只有孤独的猴子和蜷伏的刺猬点缀着。各处的房屋、亭台、池沼和两座水塔，竟是断垣颓壁，荒芜不堪。南馆四周的佛像，大半龛门洞开，听任风雨剥蚀，就是假山石南陈列的大水晶和寒水石等物，也是影迹全无，不知何往。”最后作者感慨地写道：“说了许多颓败现象的话，兴衰之感便盘绕上心田，觉到事业的创始容易，维持不易；如果后继非人，简直转瞬可以覆灭。……不久的将来，这个博物苑不独墙倒壁塌，花枯树萎，鸟兽绝迹；恐怕那些较好的古董，大半要改名换姓。” 就在这年11 月，博物苑发生了南馆失窃文物八十余件的重大事件，幸而此案很快告破，苑藏品未有受损。事后，苑主任孙钺在致张孝若的引咎辞职书中说：“当先苑总理（按：指张謇）在日，苑费充足，外有岗警，内有更夫，日夜轮守，毋或稍懈。自苑费减之又减，苑丁裁之又裁，岗警更夫久付厥如。……且苑中各处建筑，无在不急须修理，而南馆屋顶，势将倾覆，尤为险极。……”张孝若在慰留孙钺的复函中，也申述自己的困难：“实业虽渐转机，全局犹未兴旺”，“调护维系先业之苦心难处，有时决非他人所能测度也。”

然而，博物苑藏品更大的劫难还不止于此。张謇对西方列强入侵后对国有文物的掠夺极为愤慨，他也寄希望于《邦国交战例》中的第648条规定：“凡敌境之教堂、医院、学宫、星台、博物馆及一切兴学行善公所皆不可扰犯。”然而，张謇还担心：“世变未有届也！缕缕此心，贯于一草一树之微；而悠悠者世，不能无虑于数十百年之后！”他唯恐一旦发生战争，会使苦心经营的博物苑被毁。张謇并非杞人忧天。

1937年抗日战争爆发，次年南通沦陷，博物苑遭到日本侵略军的摧残。在南通沦陷前夕，苑主任胡履之、会计葛进夫从南馆选取文物50余件，从北馆选取书画、绣品43轴，移存于农村，其中包括《露香园顾绣董其昌行书节录昼锦堂记屏》12幅和《沈寿绣耶稣像》等。1939年又辗转寄存于上海租界里的金城银行。未能转移的绝大部分被日军劫掠，陈列于户外的佛像、石刻等大型文物多被破坏；鲸骨架被支解弃于乱草之中，饲养的珍稀动物被日军任意杀戮；一只丹顶鹤成了日军的下酒佳肴，另一只悲鸣绝食而亡。博物苑成了日军的马厩。抗战胜利后，1946年的《五山日报》刊登了署名言永的《城南文化地区凭吊记》，文中描述博物苑的破烂情景说：“纵目四望，但见一片乱石荒草。”“橱柜中空无所有。”“许多建筑物都失了所在。”遭此劫难，博物苑的文物藏品几乎散失殆尽，文物征集、藏品研究工作从此停滞，直到新中国成立，相关工作随着博物苑的恢复而开始。

## 二、新中国成立后博物苑收藏概况

1949年9月24日，南通市第一届各界人民代表会议通过了成立南通市文物征集整理委员会，准备恢复南通博物苑的决议。1951年 8月，修复后的博物苑更名南通博物馆并对外开放。首先是将原保存于上海的文物辗转收回，同时，对残存于苑内的零星藏品进行清理。这期间，各级政府、有关部门和社会人士也分别拨交、捐献部分文物。至1954年藏品总数达2193件。1954年4月，南通博物馆撤销，藏品移交给了江苏省博物馆筹备处。1957年，南通博物馆重建，次年正式开馆以后，文物征集工作纳入轨道，除接收原移交省馆的大部分文物外，在本地区也开展了广泛的收集。至1966年，藏品总数达17818件，金石、陶瓷、书画等都有了相当数量的积累，特别是征集了大量的南通地区的革命文物和社会主义建设时期的实物。但随即而至的“文革”使博物苑文物征集、藏品研究工作停滞。1972年，全国博物馆工作复苏，博物苑及时进行了清理家底工作，并对藏品进行了全面鉴定。此后，博物苑的文物征集、入藏工作逐步走入正轨。

### （一）传承张謇收藏理念，广泛征集藏品

新中国建立后，博物苑传承张謇对地方文化保护的思想以及文物搜集的主张，从以下几方面，认真、踏实地着手文物征集工作：

第一，考古发掘。南通在五六千年前，除如皋、海安西北部外，大部地区还是茫茫海域。从汉代以后到公元11世纪，先后有扶海洲、胡逗洲、东布洲等沙洲与大陆连接，18～20世纪初，又有一批沙洲连上了大陆。四次大规模的沙洲并接，南通境域基本形成。由于南通特殊的成陆过程，南通地下考古发掘很少，博物苑开展的主要是对一批明清时期墓葬的抢救性发掘。最早的是1953年对南通市西郊永兴乡已被盗挖的明墓进行调查与清理；影响最大的是1956年 2 月对南通市郊区褚准乡顾姓墓的发掘工作。在顾姓明墓中发掘出顾能夫妇及其子顾瑶的未腐尸体。此后苏北医学院及司法部法医研究所副所长张颐昌等专家对顾能尸体进行了解剖。新华社和诸多报纸作了及时的报道，认为是新中国建立以来最早对古尸的研究；在南通地区所进行的历时最长、规模最大的考古发掘则是对海安新石器时代青墩遗址的发掘。1973年8月，海安县城西北约28公里的沙岗公社青墩大队的农民为建立居民点，开挖了一条长236米，纵贯全村的南北向青墩新河，发现了大量的陶、石、骨器和鹿角、兽骨等

古代遗物，并有少数玉器。1976年春，南通博物苑派专人进行调查，1977年11月曾作试掘，至1978年春和1979年春，南京博物院先后两次对遗址进行了正式发掘，博物苑参与了由南京博物院主持的发掘工作。在对墓葬和遗址发掘中，博物苑入藏了一大批极具历史价值的文物。

在考古发掘以外，南通博物苑还入藏了一些零星出土的重要文物。1973年2 月，南通电影院前实施防空工程，在工地上出土越窑青釉皮囊式壶一只。此壶通高20.4厘米，最大腹围50厘米，底径9厘米，烧造于晚唐至五代时期，器形仿自北方游牧民族使用的皮水囊，此器以独特的造型、简约的装饰、精湛的工艺而成为越窑青瓷中的稀世珍品。作为“国宝”级文物，越窑青釉皮囊式壶成为南通博物苑的镇苑之宝。博物苑还征集、入藏了诸如宋代狼山驻军题名石刻、宋代顾九娘木质地券、古代煎盐工具——盘铁等一批与南通地方史密切相关的实物资料。

第二，接受社会各界的捐赠。这是博物苑文物征集、入藏的重要途径。1953年，张謇后裔向博物苑捐赠了张謇收藏的书画；1983年，他们再度将家藏的女工传习所学员绣制的《奉天牧羊图》和《夕阳返照图》捐献出来。1958年，沈寿后人将自己仅藏的沈寿绣品《蛤蜊图》捐赠给博物苑。著名建筑大师孙支厦、昆虫学家尤其伟等南通籍著名人士的家人都无偿地将他们的重要文献、资料、用品捐献出来，大大丰富了南通地方史料。此外，本地的收藏家、文物爱好者也都有批量的收藏品捐赠给博物苑，其中不乏国家一、二级珍贵文物。1978年，全国政协副主席季方来博物苑参观，捐赠了他本人于1942年3月任苏中四分区司令员时发出的《季方为兼任四区专员敬告通、如、海、启、崇同胞》等文献资料；原在南通地区工作过的一些老领导也将自己珍藏的文物、史料捐赠给博物苑。

除了接收个人捐赠，博物苑也得到各级政府、有关部门、社会各界的大力支持。南通市委、市政府，南通市纪委，曾先后将原机关所使用的古代家具悉数拨交给博物苑；如东县委、县政府向博物苑捐赠了包括甲龙、双脊龙、鹦鹉嘴龙的骨骼标本以及圣贤孔子鸟化石、恐龙蛋等16件古生物化石。南通森大蒂集团将原中华唱片厂使用的、世界范围存量极少的西德产唱片刻纹设备无偿地捐赠给博物苑。以上只是博物苑历年来接收社会各界捐赠的极少一部分。由于各方面对博物苑的鼎力支持，捐赠的文物、史料大大增加了博物苑藏品的数量，丰富了藏品的类别，提高了收藏质量，特别是有力地保护了具有南通地方特色的传统文化、文物。

此外，博物苑通过购置、接收有关部门、单位调拨，以及自行采集制作等途径征集文物、标本。

### （二）博物苑藏品概况

经过历年的广征博访，南通博物苑现藏有古代文物、近现代文物、自然标本共计四万余件。承袭张謇先生的收藏准的，博物苑的征集、入藏仍以地方史料为主，兼顾国外文物。古代文物有陶瓷、书画、织绣、货币、碑帖、符印、石器、甲骨、玉石、金属、珐琅、漆器、竹木、骨角等二十余类；近现代文物分别有文件、书籍、期刊、报纸、图画、货币、票券、证券、织物、武器等类；自然标本中则有动物、植物、岩矿、化石四大类。其中的绝大多数藏品主要是具有地域特色、反映南通地区政治、经济、文化、社会发展历史的实物资料和文献，以及本地区自然资源的标本。

书画收藏历来是博物苑收藏之重点，地方书画家作品更是重中之重。从《南通博物苑品目》记载中可以了解到，张謇时期博物苑收藏的通属地方书画名家的作品，如冒辟疆、范凤翼、包壮行、顾骢、胡长龄、丁有煜、李方膺、张经、张雨森等八十多人的书画作品就有一百余件。博物苑传承张謇对地方文化保护的思想，一方面对古代地方名家作品尽其所有搜集入藏，同时，对当代南通地方书画家和南通籍书画家的作品积极征集，现藏书画基本勾勒了南通地区书画发展的脉络。

观音像系列藏品也是具有代表性的苑藏，其质地有青铜、陶瓷、绘画、刺绣等类，尤以历代名家绘画、刺绣的观音像为特色。原宋代古刹——杭州辩利禅院藏有历代观音画像160余件，清末该寺凋敝濒毁，其住持圆寂之前把观音画像托付给友人张子骞。1917年，张子骞为免他人觊觎导致画像流失，便将画像悉数转赠于南通博物苑。张謇为此特将南通狼山观音院大殿改建为“赵绘沈绣之楼”，将这批观音像供奉楼内，此外还增加了南通女工传习所师生所绣制的观音像，以及另行征集的铜、瓷、玉石等质地的观音造像和石刻观音像拓片。按张謇题写的楼名，意在表明此楼中以元代赵孟頫、赵雍父子的绘画和沈寿、沈立姐妹的绣品最为珍贵。1938年日军侵占南通，观音画像辗转上海保存，直到1951年博物苑恢复之际，这批观音画像终于回归博物苑。其中，《华喦设色千手观音像》、《罗聘设色观音像》等作为画家的力作而入选国家一、二级文物。

刺绣艺术大师沈寿继承中国传统刺绣技艺，融会西洋油画、摄影等美术中光影技法，革新刺绣针法与技艺，创制了“仿真绣”，对中国刺绣艺术产生了巨大的影响。1914年，她应张謇之邀出任南通县立女工传习所所长、南通织绣局局长等职。在南通执教期间，沈寿和其姐沈立培养、造就了一批有较高素质和艺术修养的刺绣人才。对于沈寿及其学生的作品，博物苑尽心竭力征集入藏数帧，见证了一代艺术大师超凡的艺术魅力，以及她的刺绣艺术传承、发展的成果。其中《沈寿绣、张謇题古观音像》、《沈寿绣蛤蜊图》，由沈寿监制、女工传习所学员绣制的《奉天牧羊图》、《夕阳返照图》，都入选了国家一、二级文物。

一个多世纪前，张謇为实现他实业救国、教育救国的理想，在家乡南通创办了实业、教育、文化、慈善等一系列事业，并留下了丰富的历史遗存和实物资料。因而，进行张謇专题的文物征集、收藏是博物苑义不容辞的责任，也是博物苑收藏的一大特色。目前，此专题的收藏主要有以下两类：第一是与张謇创办的实业、教育、文化、慈善等事业相关的实物资料。如张謇为创办各项事业起草的文稿和信函手迹、大生集团中企业发行的股票，由张謇创办的学校为学生颁发的毕业证书，张謇创办的企业、学校、文化公益、慈善机构的内外景历史照片，以及张謇经营南通，进行城市建设的建筑设计、城市规划的图纸等等。第二是张謇书法作品。张謇书法以学颜真卿入手，参以欧阳询，行笔沉稳矫健、苍劲厚重，结体俊爽流丽、脱俗出新，作品为藏家珍爱。在自己所创办的慈善、公益等事业经费短缺时，张謇常常鬻字接济。博物苑搜集、入藏了数幅张謇的书法代表作品，基本涵盖了他各个时期的创作风格。其中为纪念文天祥而重建渡海亭撰书的碑文《楷书重建宋文忠公渡海亭记》、为南通近代化的标志建筑钟楼撰书的《楷书钟楼联》、为更俗剧场的落成而撰书的《行楷更俗剧场楹联》、钤有“张謇鬻字之印”的作品等等，不仅具有艺术欣赏价值，更是见证张謇艰辛创业的实物资料。

博物苑创建以后，征集入藏了文物标本三千多号文物，同时在创立过程中也形成了大量的苑史文物。然而，历经战乱，这些文物几乎散失殆尽。博物苑在20世纪80年代即着手相关文物的查找、搜集。在经过大量调查，及与档案资料核实的基础上，终于查清并确认150余件属于早期博物苑的藏品，如张謇捐赠的牙雕孔雀明王像、《露香园顾绣董其昌行书节录昼锦堂记屏》、《博物苑》石额等等，它们是南通博物苑创立和中国博物馆事业发祥的特殊见证物，具有特定的历史价值。

博物苑融人文历史与自然科学于一体，不仅是社会历史类的博物馆，也是自然科学类博物馆，还兼有动物园和植物园的功用。承袭此办苑和收藏特色，目前，博物苑通过采集制作、接收捐赠等形式入藏的自然标本有6000余件，其中，国家一、二级保护动物标本39件，珍贵化石、岩矿标本100余件。还有各种鲸骨架和标本、中华鲟标本、恐龙骨骼化石标本为特色之珍藏。

文物是记载历史的实物资料，在相当程度上又能佐证历史、弥补历史文献记载的空白点。早在一百年前张謇就充分认识到这一点，正如他在《通州博物馆敬征通属先辈诗文集书画及所藏金石古器启》中所说：“謇家所有，具已纳入。按之志乘，佚漏犹多，谨记其名，附于幅左。伏愿大雅宏达，收藏故家，出其所珍，与众共守。”张謇首先是将自家捐献的收藏品与地方志乘相对照，对于缺漏部分，则鼓励社会公众捐助入藏，让博物苑成为地方历史的记录者，地方文物的收藏者、传统文化的保护者。事实上，我们从早期的苑藏品中都能体会到张謇的良苦用心。

新中国建立后，博物苑仍以传承传统文化、保护地方文物为宗旨，以锲而不舍的精神积极开展考古发掘、文物征集、藏品研究等工作，以实物史料为基础，致力于对地方历史的研究与考证，如青墩遗址的发现、近代南通文物史料的挖掘使用，都使之在相关领域的研究上取得突破性进展。对一个城市而言，博物馆作为文物收藏、研究机构，它是城市发展的记录者，也是城市通向未来的桥梁。南通博物苑收藏百年，不仅开创了中国博物馆文物收藏百年的历史，也以实物记载了南通地区政治、经济、文化、社会发展的悠久历史。继承传统文化、保护地方文物、彰显城市文明，这是南通博物苑在未来的文物征集、收藏工作中永远遵循的原则和宗旨。

# 图版

# 上篇

**玉琮** 新石器时代

**玉璧**　新石器时代

嵌绿松石兽面纹戈　商

弩机　三国·吴

**化生佛造像碑** 唐·长安四年

黑釉剔花牡丹纹罐　西夏

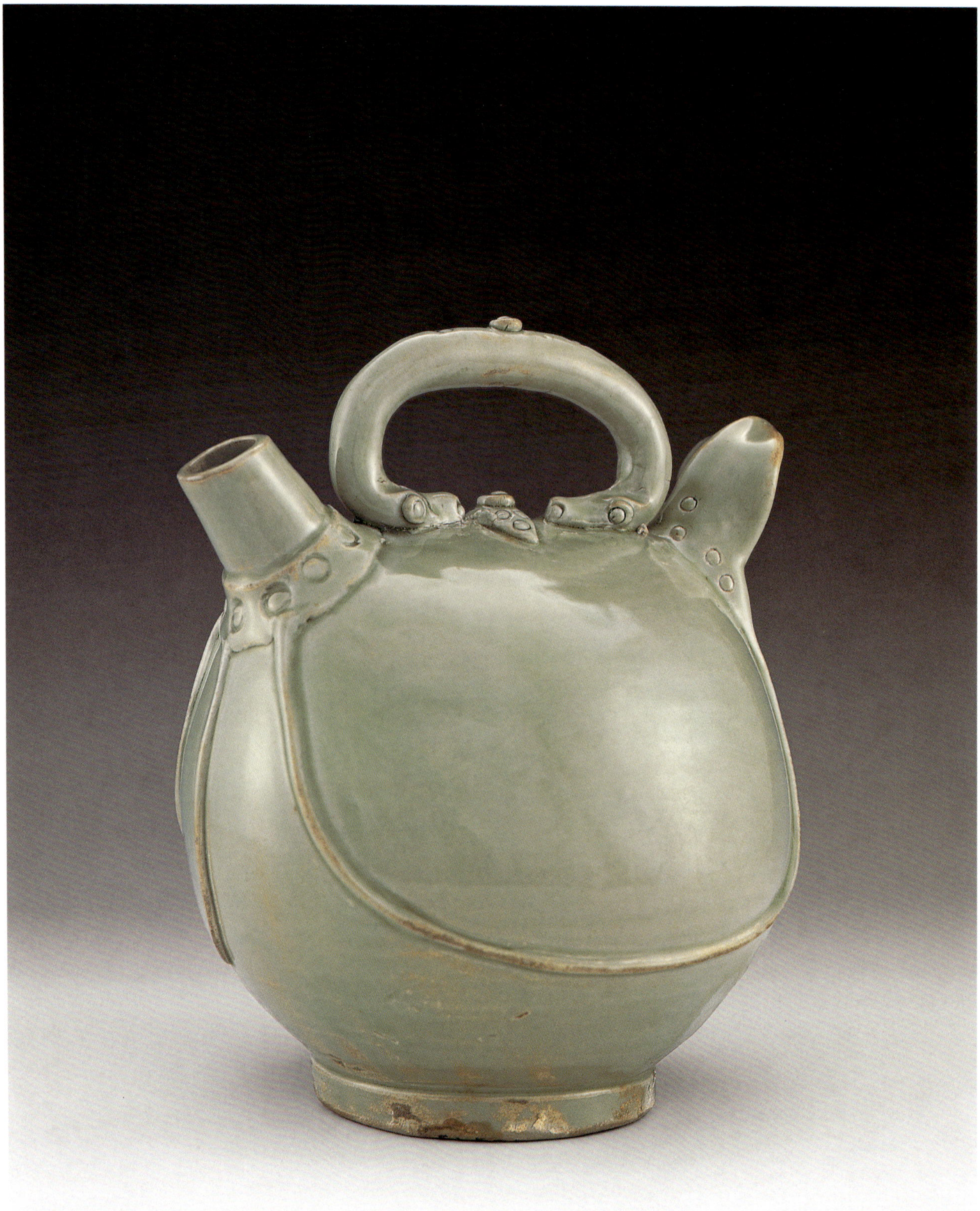

**越窑青釉皮囊式壶**　晚唐—五代

磁州窑白地铁锈花枕　金

**卵白釉暗花双耳扁瓶** 元

**卵白釉四足熏炉** 元

龙泉窑刻花缠枝牡丹纹瓶　元

磁州窑系人物故事花卉纹大罐　元末明初

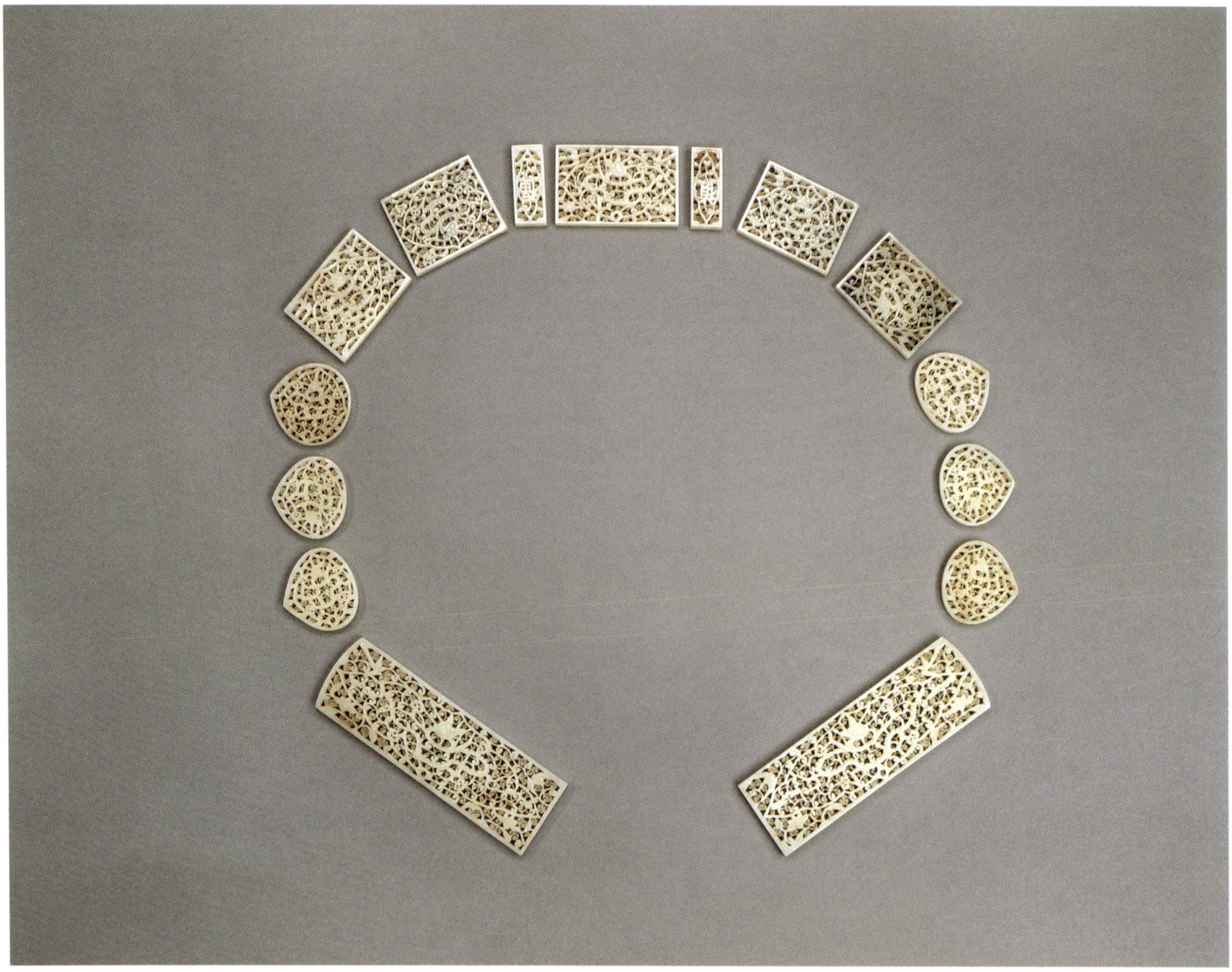

玉带牌　明

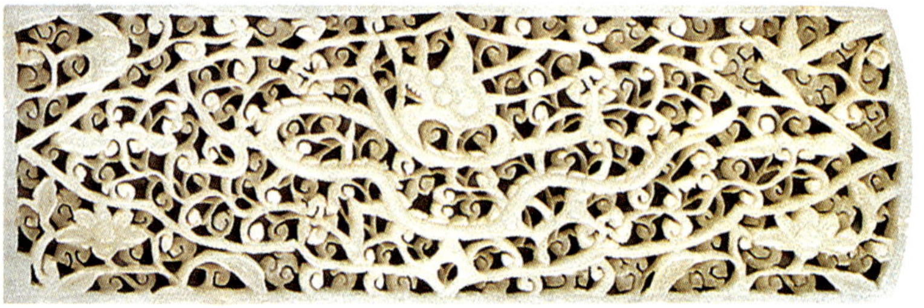

铸铜天后坐像　明

德化窑白釉暗花筒式三足炉　明

铜板圣旨 明

甜白釉暗花云龙纹盘
明·永乐

青花一束莲纹大盘
明·宣德

德化窑白釉观音坐像　明

**仿哥釉梅瓶** 明 · 宣德

青花松竹梅纹梅瓶　明

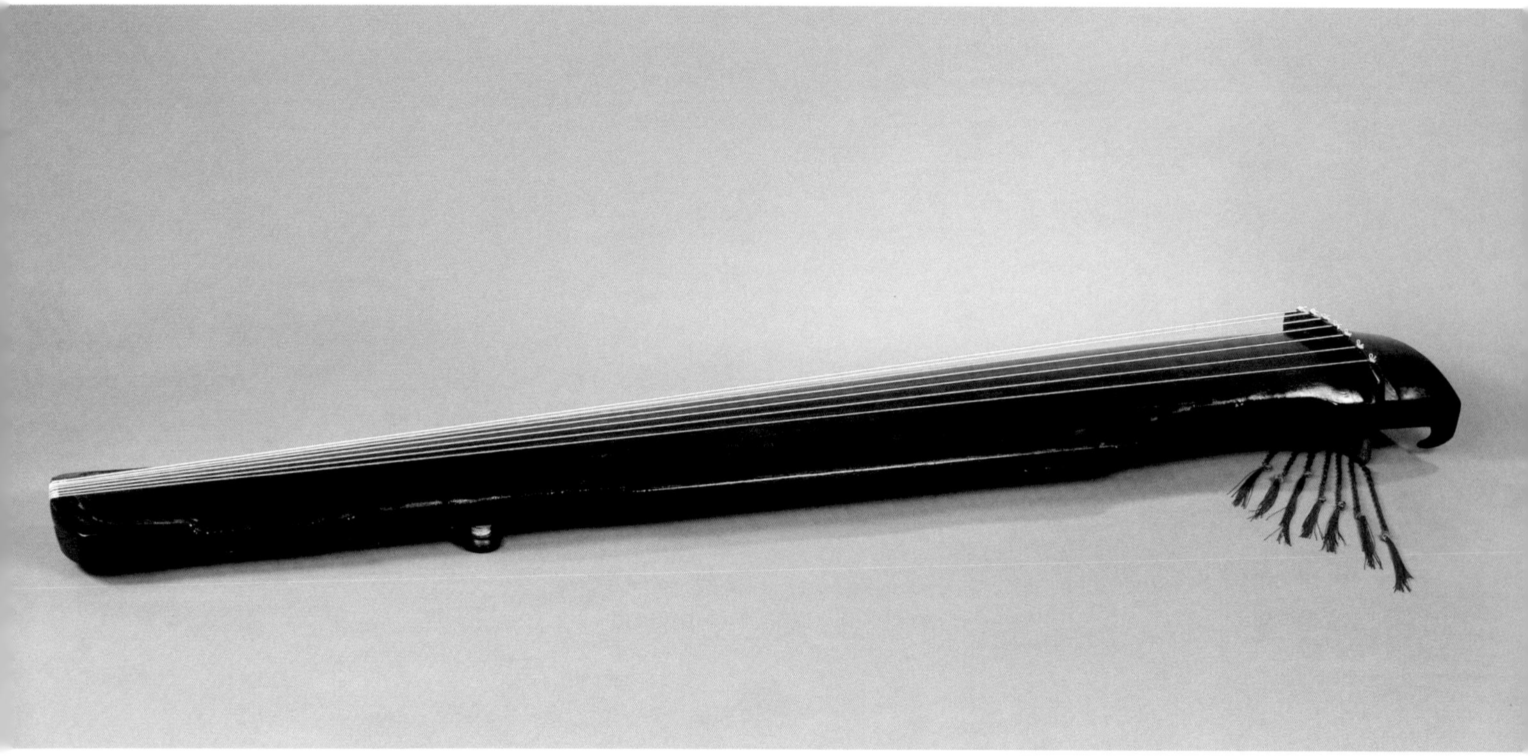

大还阁款“沧海龙吟”古琴　明

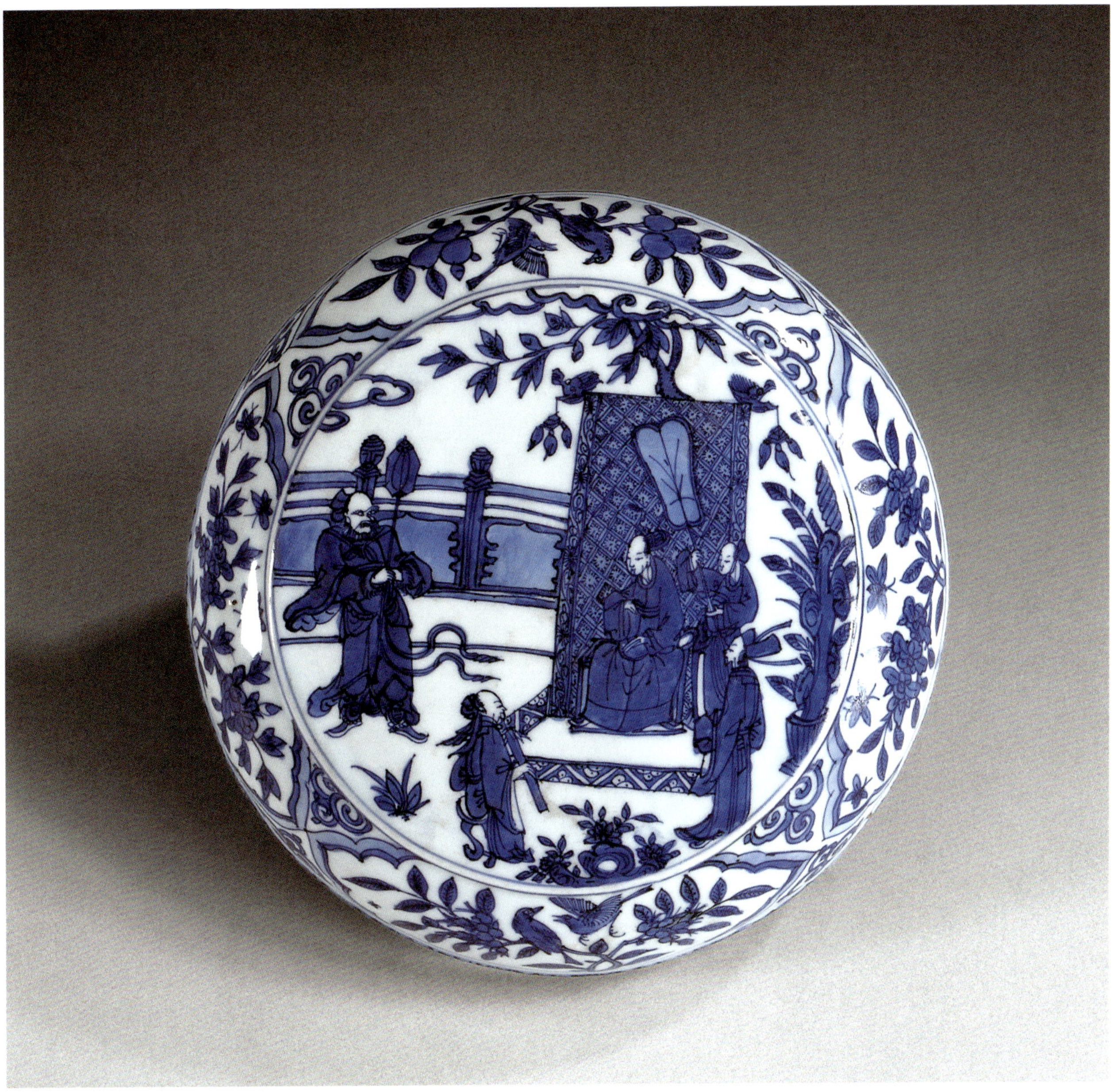

青花人物花鸟纹果盒　明·万历

**金丝发罩** 明

## 陈鸣远款碗　明末清初

白砂撇口碗

黄砂撇口碗

红砂墩式碗

紫砂墩式碗

青砂折沿碗

嵌银丝透雕八仙紫檀笔筒　明

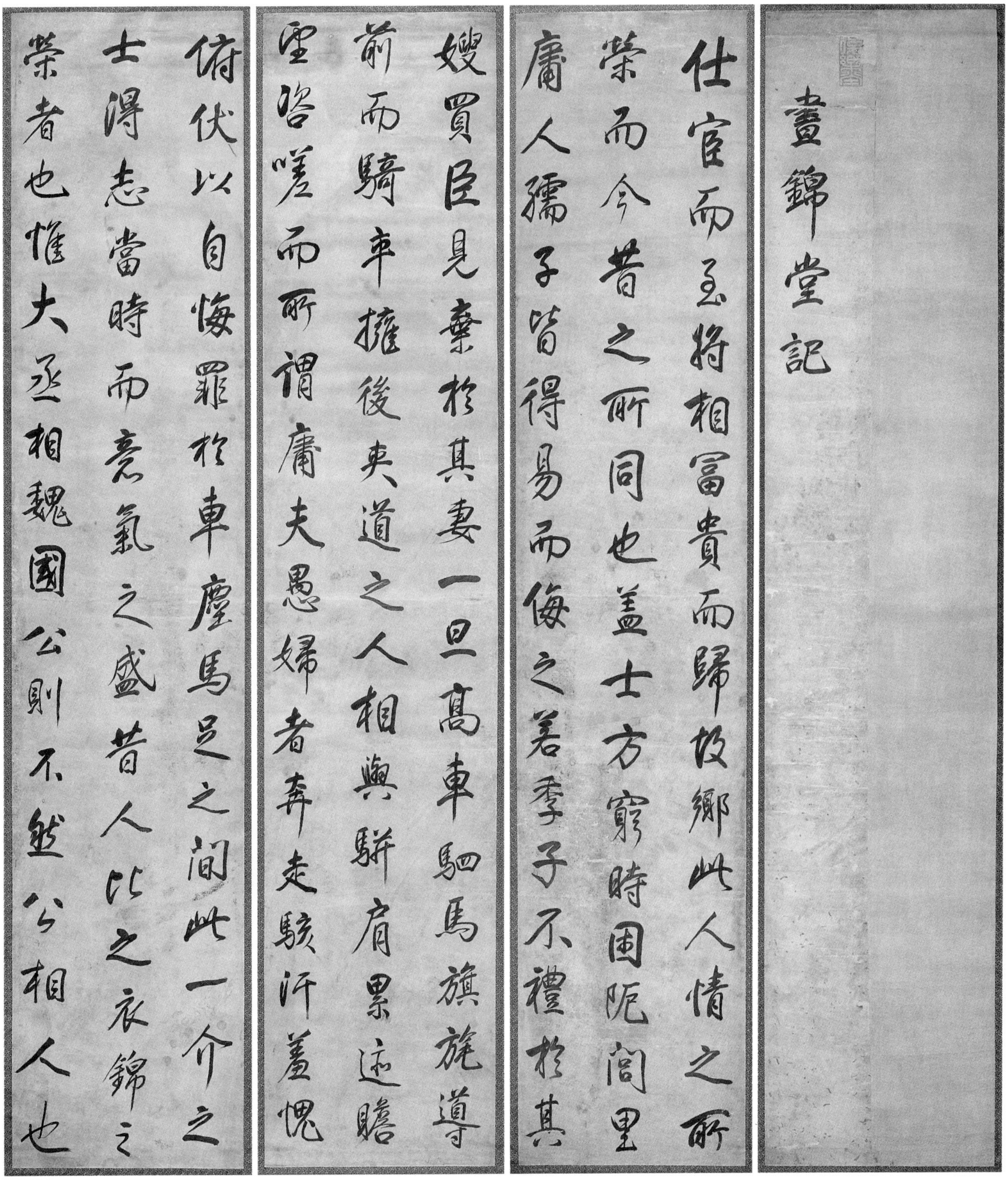
晝錦堂記
仕宦而至將相富貴而歸故鄉此人情之所
榮而今昔之所同也蓋士方窮時困阨閭里
庸人孺子皆得易而侮之若季子不禮於其
嫂買臣見棄於其妻一旦高車駟馬旗旄導
前而騎卒擁後夾道之人相與駢肩累迹瞻
望咨嗟而所謂庸夫愚婦者奔走駭汗羞愧
俯伏以自悔罪於車塵馬足之間此一介之
士得志當時而意氣之盛昔人比之衣錦之
榮者也惟大丞相魏國公則不然公相人也

(四)　(三)　(二)　(一)

露香园顾绣董其昌行书节录昼锦堂记　明

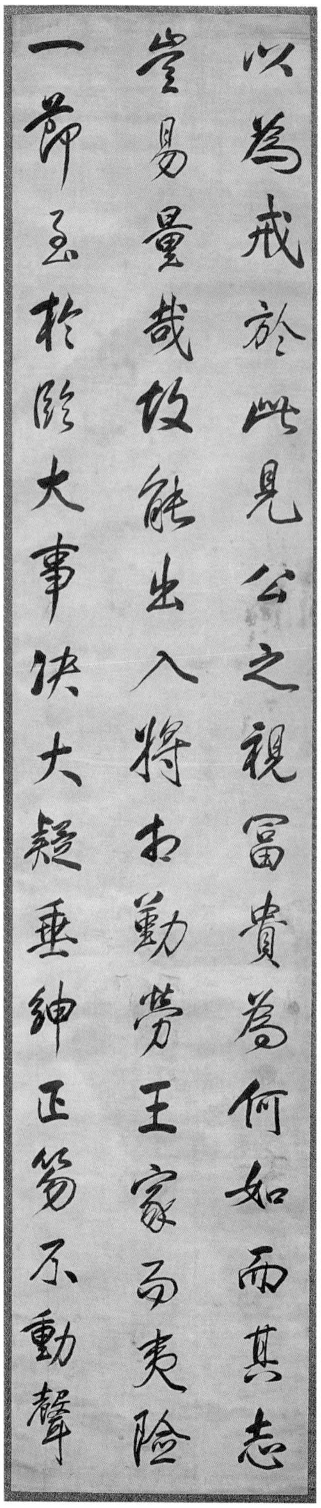
以為戒於此見公之視富貴為何如而其志
豈易量哉故能出入將相勤勞王家而夷險
一節至於臨大事決大疑垂紳正笏不動聲
（九）

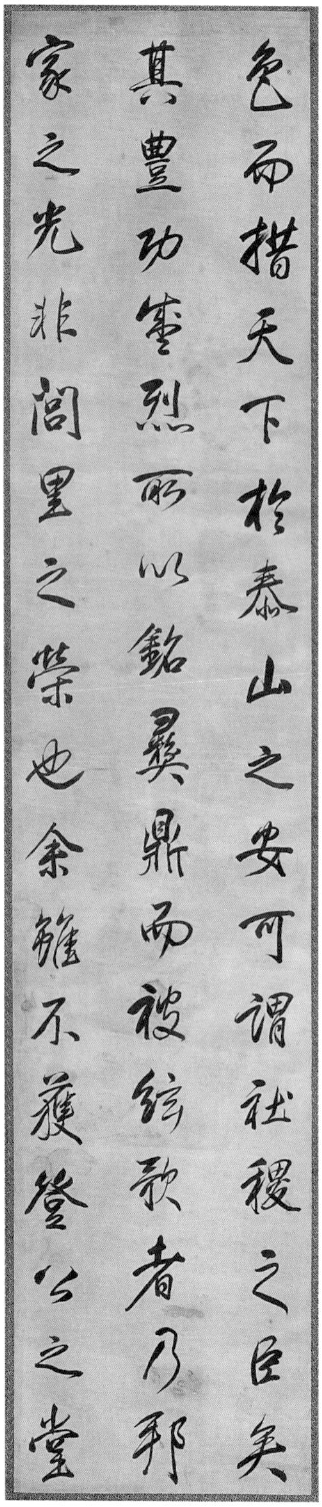
色而措天下於泰山之安可謂社稷之臣矣
其豐功盛烈所以銘彝鼎而被絃歌者乃邦
家之光非閭里之榮也余雖不獲登公之堂
（十）

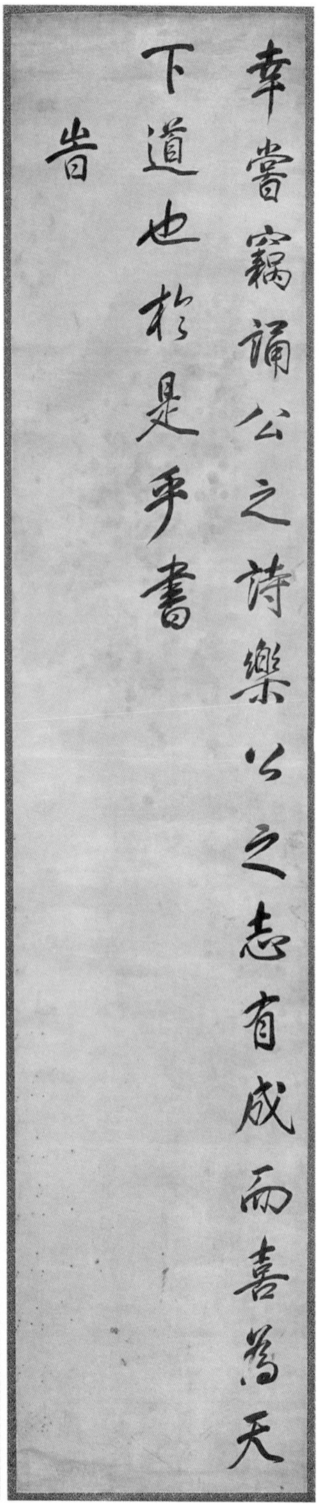
幸嘗竊誦公之詩樂公之志有成而喜為天
下道也於是乎書
旨
（十一）

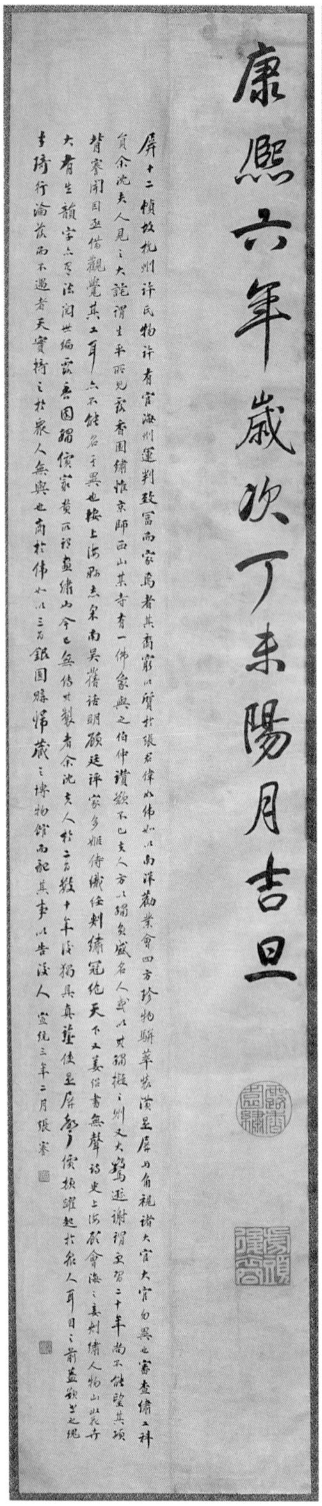
康熙六年歲次丁未陽月吉旦
（十二）

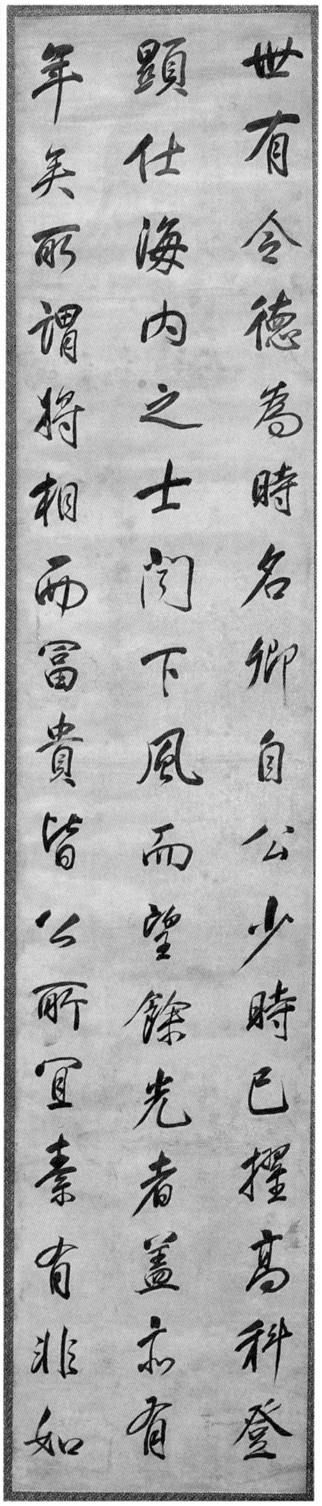

世有令德為時名卿自公少時已擢高科登
顯仕海内之士閒下風而望餘光者蓋亦有
年矣所謂將相而富貴皆公所宜素有非如

（五）

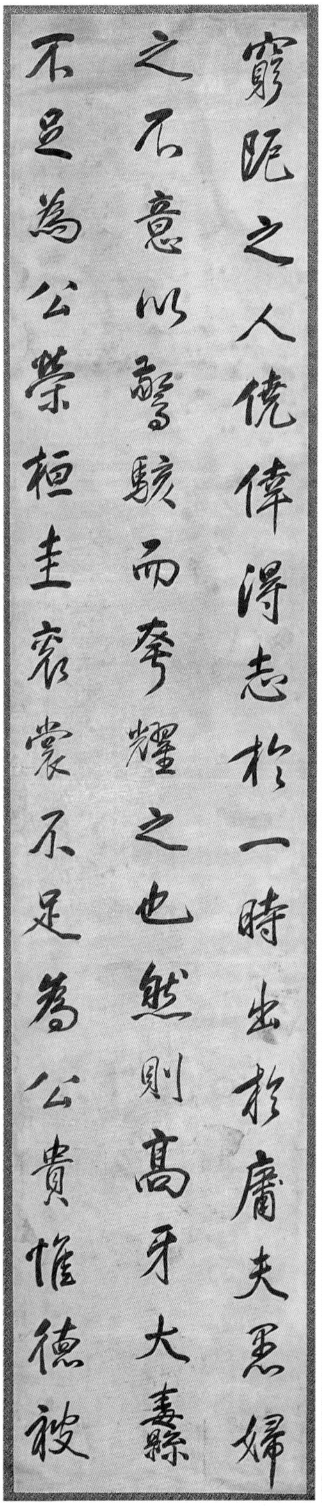

窮阨之人僥倖得志於一時出於庸夫愚婦
之不意以驚駭而夸耀之也然則高牙大纛
不足為公榮桓圭袞裳不足為公貴惟德被

（六）

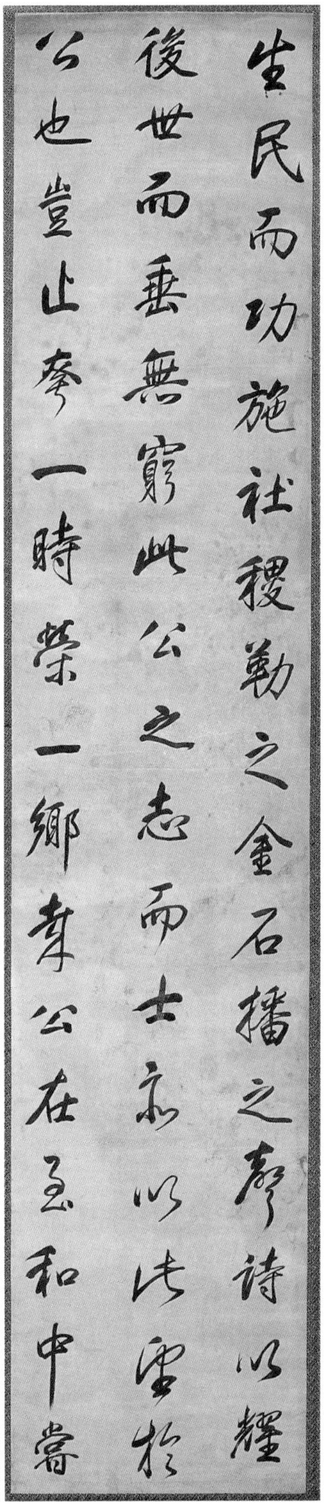

生民而功施社稷勒之金石播之聲詩以耀
後世而垂無窮此公之志而士亦以此望於
公也豈止夸一時榮一鄉哉公在至和中嘗

（七）

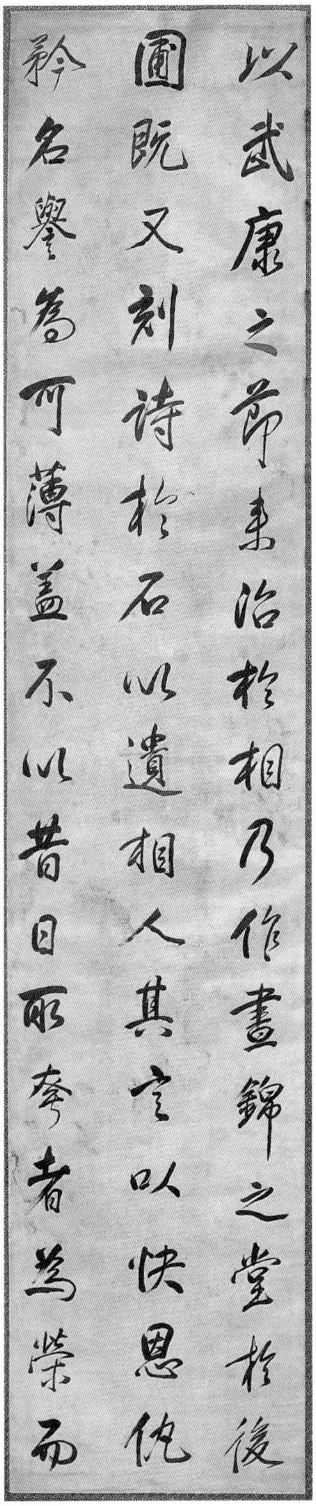

以武康之節來治於相乃作晝錦之堂於後
圃既又刻詩於石以遺相人其言以快恩仇
矜名譽為可薄蓋不以昔日所夸者為榮而

（八）

雪花蓝地描金花卉提梁壶　清·康熙

青花花卉纹茶盅　清·康熙

**霁红釉太极洗** 清 · 康熙

白地粉彩云蝠纹碗　清·雍正

**黄地珐琅彩花卉碗** 清·乾隆

**粉彩玉兰花形杯** 清·乾隆

**霁蓝釉双耳扁壶**　清·乾隆

青花折枝花纹六方尊　清·乾隆

青花缠枝莲花纹吊灯　清·乾隆

青花竹石芭蕉纹玉壶春瓶　清・乾隆

**子冈款渊明爱菊图玉牌** 清·乾隆

白玉空山野静图扳指　清·乾隆

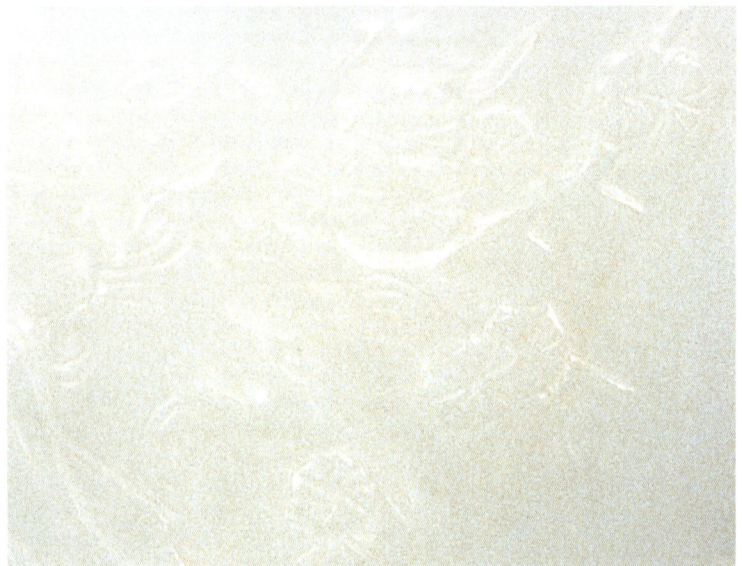

雪渔款李方膺用石印　清

**无款刺绣麻姑献寿图** 清中期

**青玉雕山子** 清・道光

子玉款四十九档算盘

子玉款二十五档算盘

**子玉款算盘** 清·道光—咸丰

《金石索》书版　清·道光

张謇用鸡血石章　清

博物苑

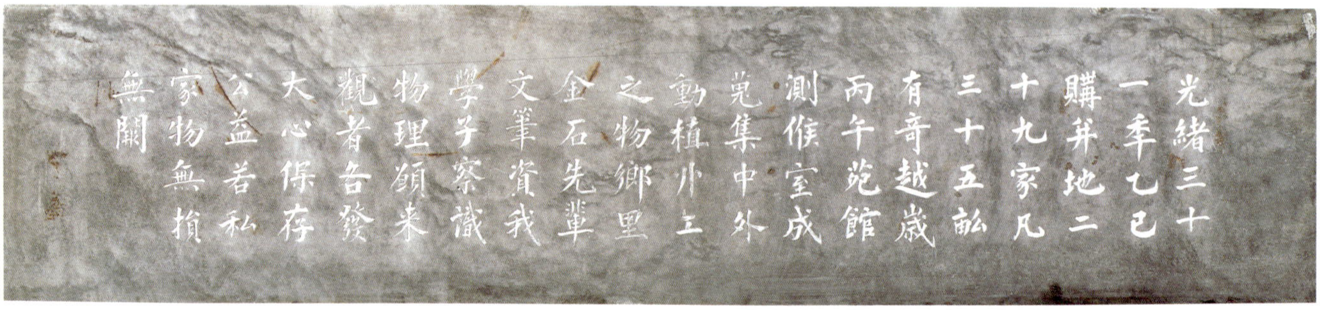
光緒三十
一季乙巳
購并地二
十九家凡
三十五畝
有奇越歲
丙午苑館
測候室成
蒐集中外
動植卝土
之物鄉里
金石先輩
文筆資我
學子察識
物理領來
觀者各發
大心保存
公益若私
家物無損
無闕

**博物苑石额** 清 · 光绪

葫芦式印香炉　清

**沈寿绣蛤蜊图** 清

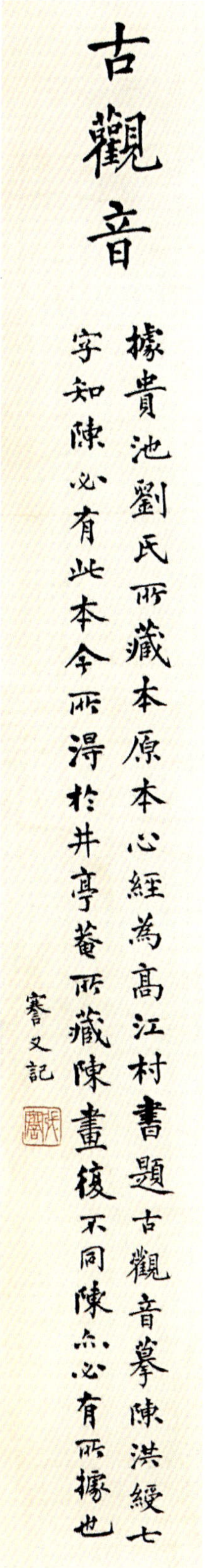
古觀音
據貴池劉氏所藏本原本心經爲高江村書題古觀音摹陳洪綬七字知陳必有此本今所得於井亭菴所藏陳畫復不同陳亦必有所據也
謇又記

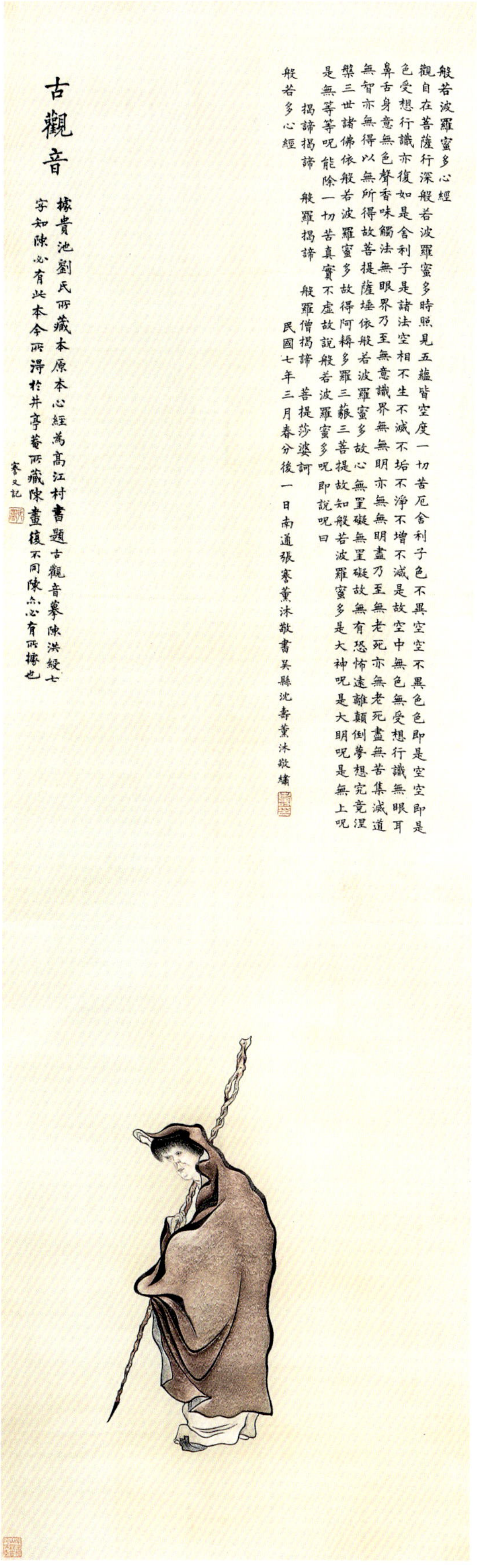
古觀音
據貴池劉氏所藏本原本心經爲高江村書題古觀音摹陳洪綬七字知陳必有此本今所得於井亭菴所藏陳畫復不同陳亦必有所據也
謇又記
民國七年三月春分後一日南通張謇薰沐敬書吳縣沈壽薰沐敬繡

沈寿绣、张謇题古观音像　近代

慈禧太后授沈寿四等商勋　清·光绪

意大利皇后赠沈寿金刚石圈金表　1912年

张謇佩一等嘉禾勋章 1912年

张謇佩宝光嘉禾勋章 1922年

**张淑德绣夕阳返照图** 近代

李群秀绣奉天牧羊图　近代

**牙雕孔雀明王像**　近代

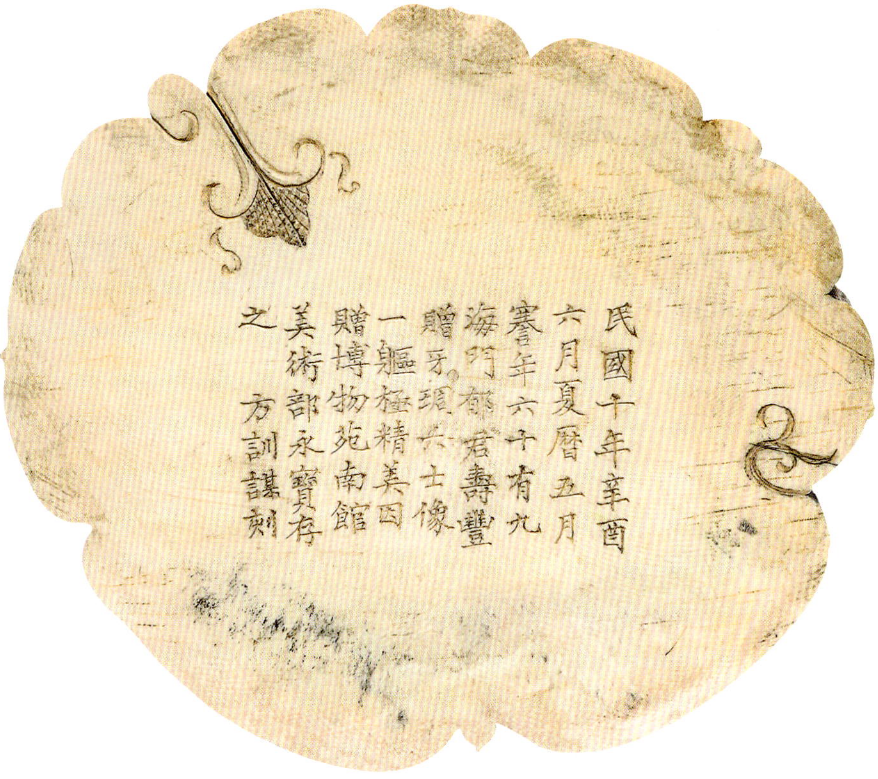
民國十年辛酉
六月夏曆五月
謇年六十有九
海門郁君壽豐
贈牙琱六士像
一軀極精美因
贈博物苑南館
美術部永寶存
之 方訓謀刻

牙雕孔雀明王像底座

# 下篇

杏花燕子图 明 陈淳

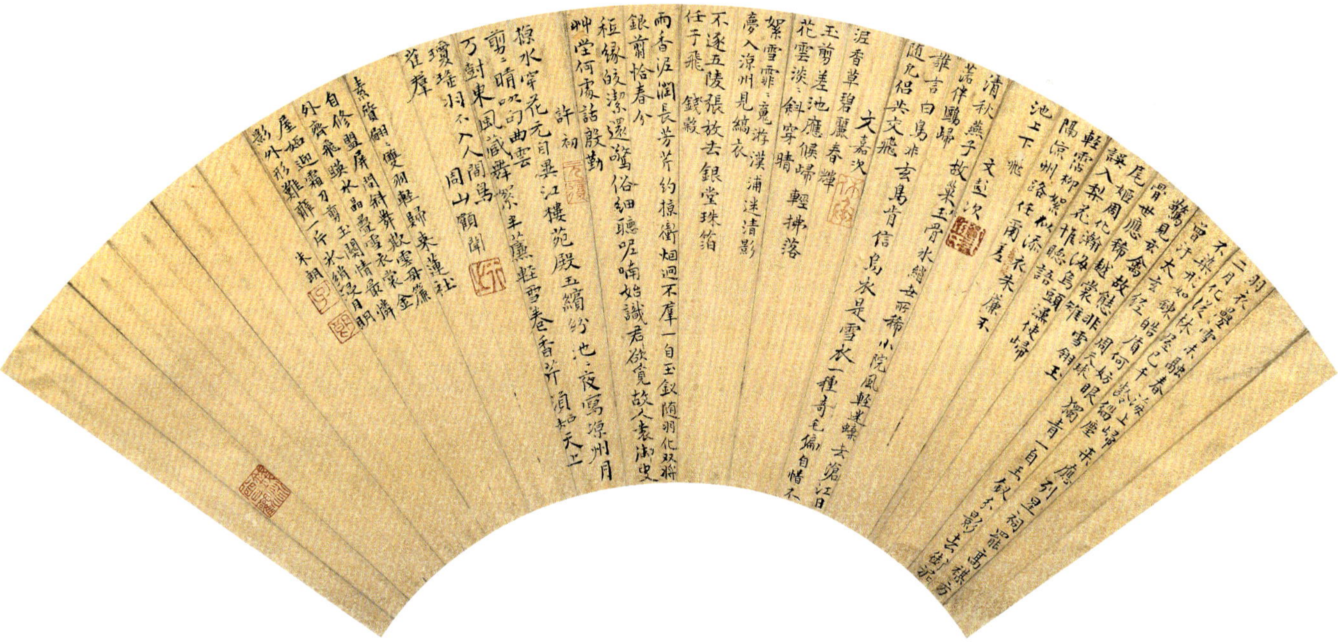

行楷自书诗 明 周天球、文彭等

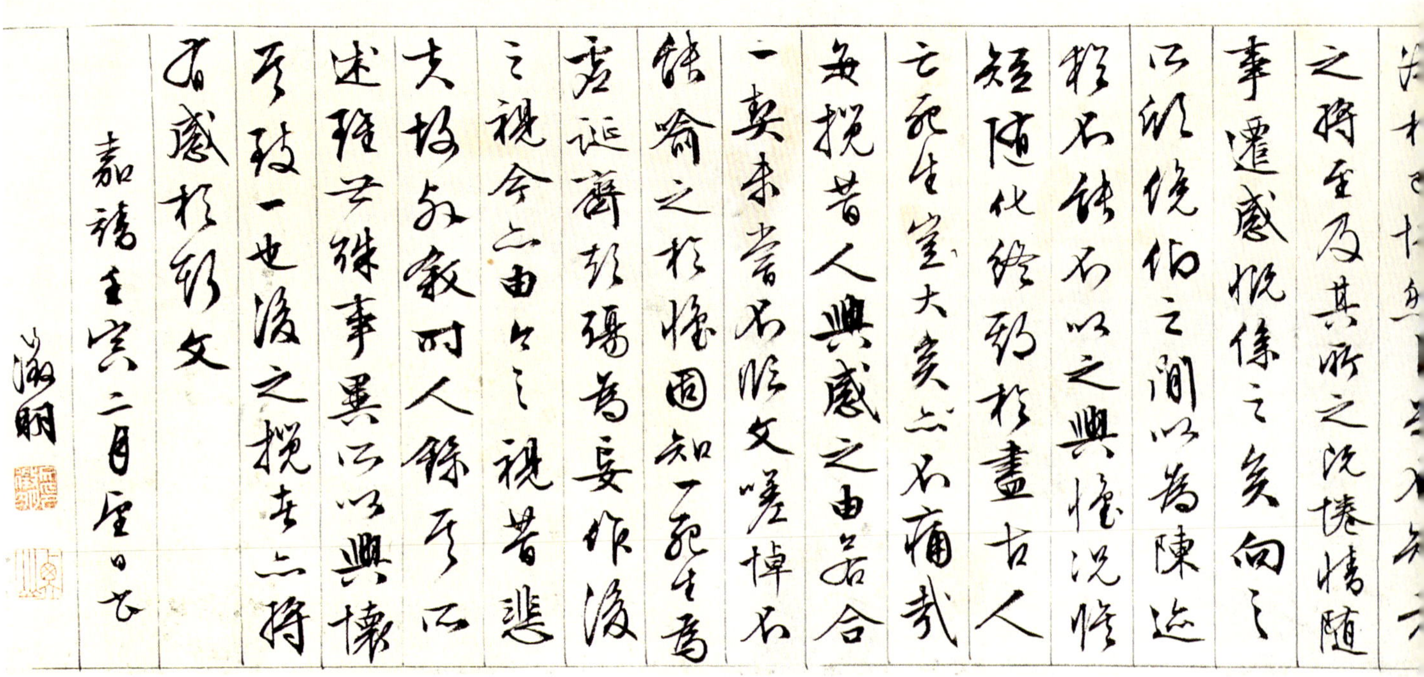
之將至及其所之既倦情隨
事遷感慨係之矣向之
所欣俛仰之間以為陳迹
猶不能不以之興懷況修
短隨化終期於盡古人
云死生亦大矣豈不痛哉
每攬昔人興感之由若合
一契未嘗不臨文嗟悼不
能喻之於懷固知一死生為
虛誕齊彭殤為妄作後
之視今亦由今之視昔悲
夫故列敘時人錄其所
述雖世殊事異所以興懷
其致一也後之攬者亦將
有感於斯文
嘉靖壬寅二月望日書
徵明

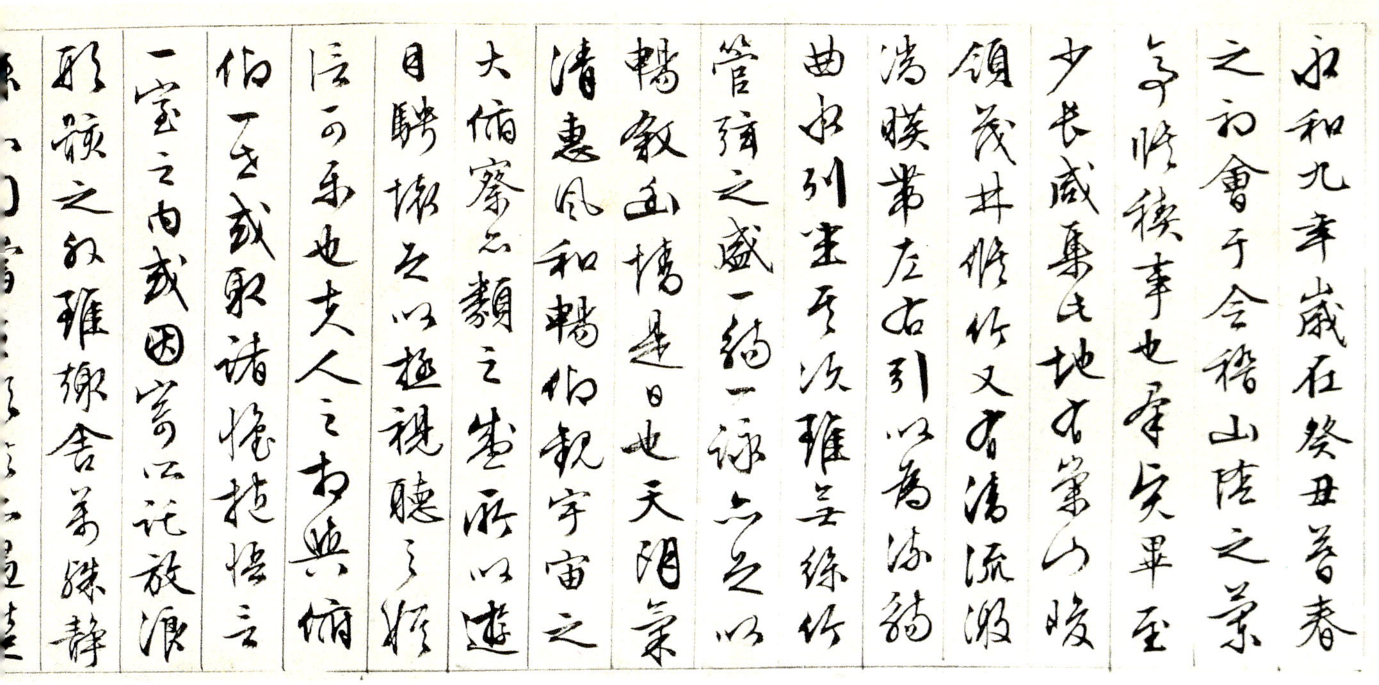
永和九年歲在癸丑暮春
之初會于會稽山陰之蘭
亭脩禊事也羣賢畢至
少長咸集此地有崇山峻
領茂林脩竹又有清流激
湍暎帶左右引以為流觴
曲水列坐其次雖無絲竹
管弦之盛一觴一詠亦足以
暢叙幽情是日也天朗氣
清惠風和暢仰觀宇宙之
大俯察品類之盛所以遊
目騁懷足以極視聽之娛
信可樂也夫人之相與俯
仰一世或取諸懷抱悟言
一室之內或因寄所託放浪
形骸之外雖趣舍萬殊靜

行书兰亭序　明　文徵明

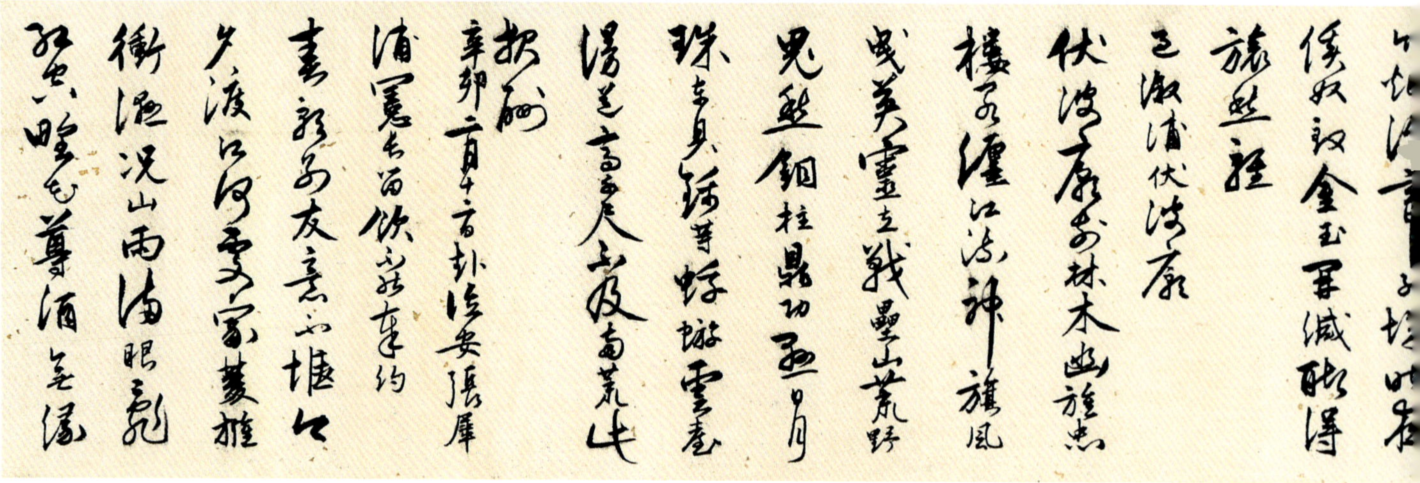

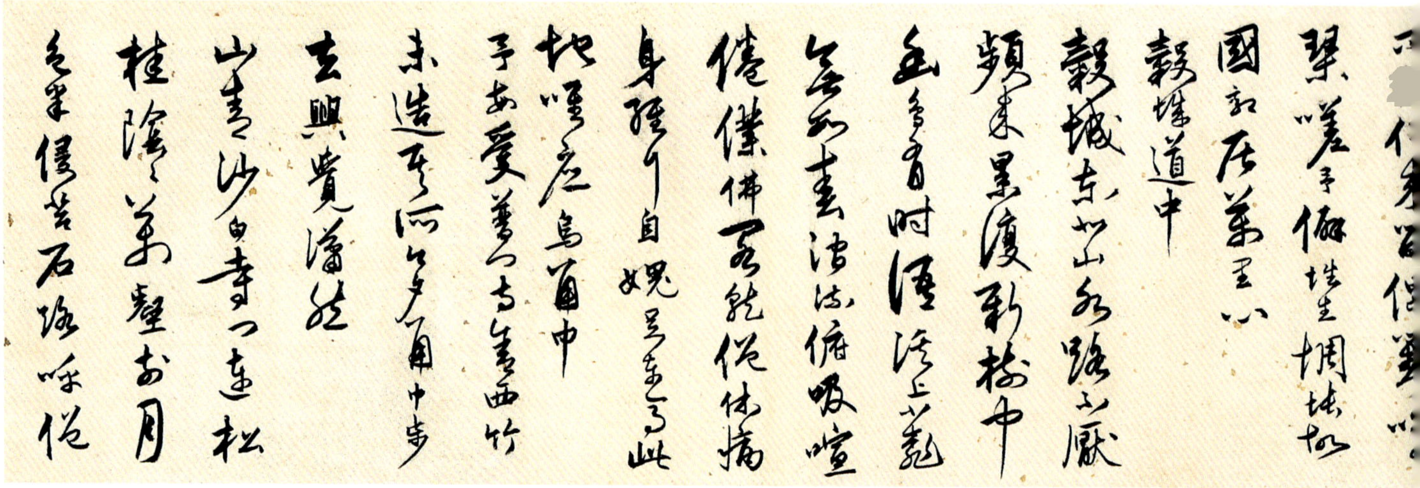

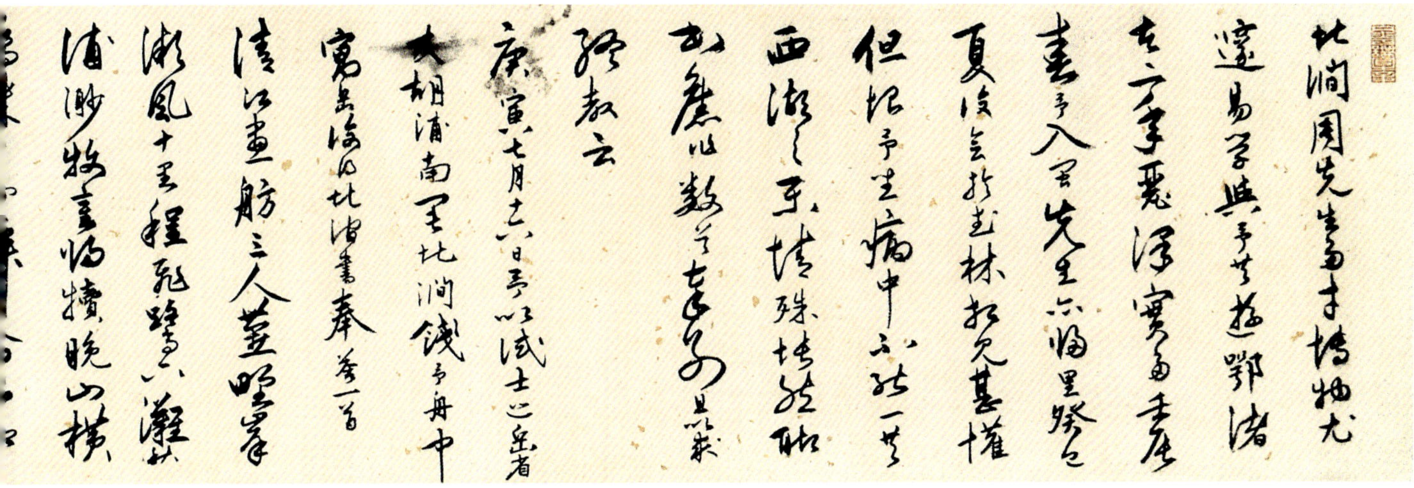

（一）

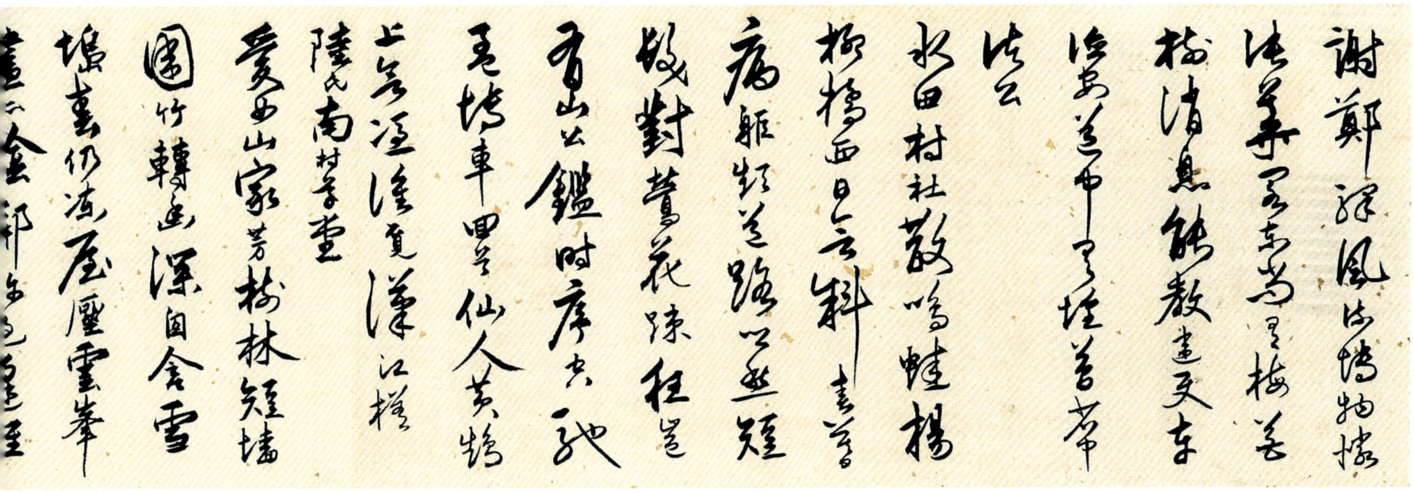

（二）

行草自书诗　明　崔桐

東洲先生立朝風節著於史
傳為吾鄉耆舊之冠今觀其詩
卷書注出入山谷誦之雅色大復
族孫耕且祕導寶之某珠壁盍
相傳三五年耕先生手澤之
而孫雅持不墜之善心
之至可敬也耕之李通州縉紳先
生歲之保全民命之說納頫
今朝其人則皆矢忠風流此映一心
者視先生之瀟灑雖坐得無若異
戢則者明一代之史徽先生則多
州某金厠名扵侍之前未此見
知生不墜賓祠章鍪事之末而
砌庄訓導之勖勵以繼承先澤太
弥不可怠矣聘庄方以祕学主萬扵
朝統試澤署將引倦題此卷者致
吾志而歸之光緒二十一年三月二
十三日張謇

珠勾晴雲塘孤夢
渾芳是鳳池犀
宋玉仍傳種周南
渾典墳夕雪楊柳
庚寅三月吾蜀王吾先
方伯飲予業蔗色一
安徽省中庭寄種
茉莱廠桃坤枝
鐵幹筆底蟠蚵
捲不度玄靈覺咽
疆露涵苔蘚攢
春風三月嗡酲赤
日向天白茅團珊瑚

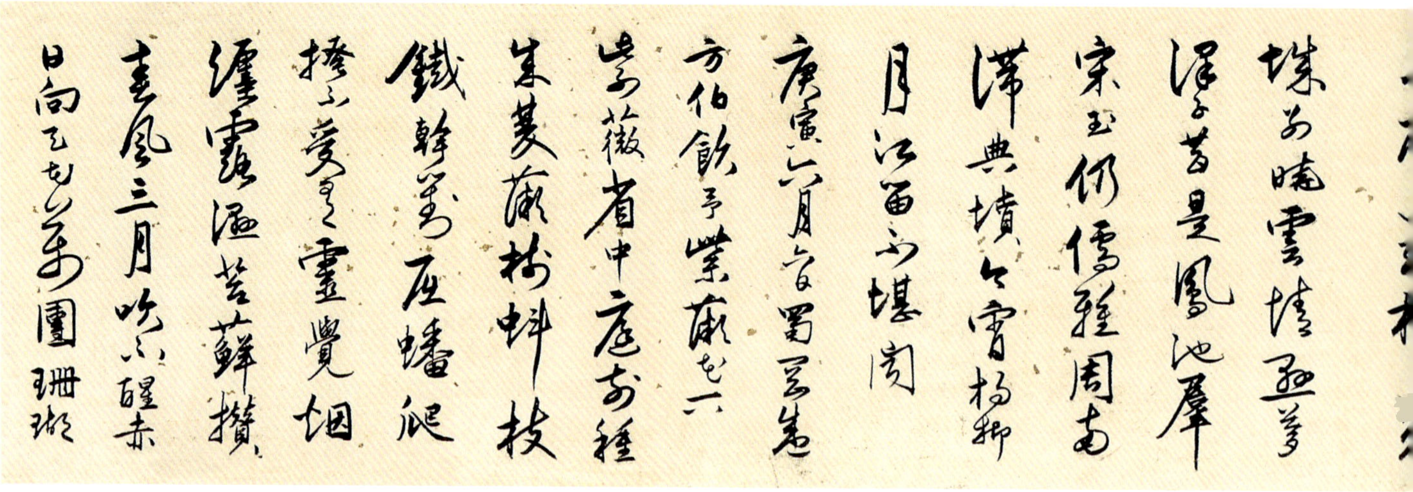

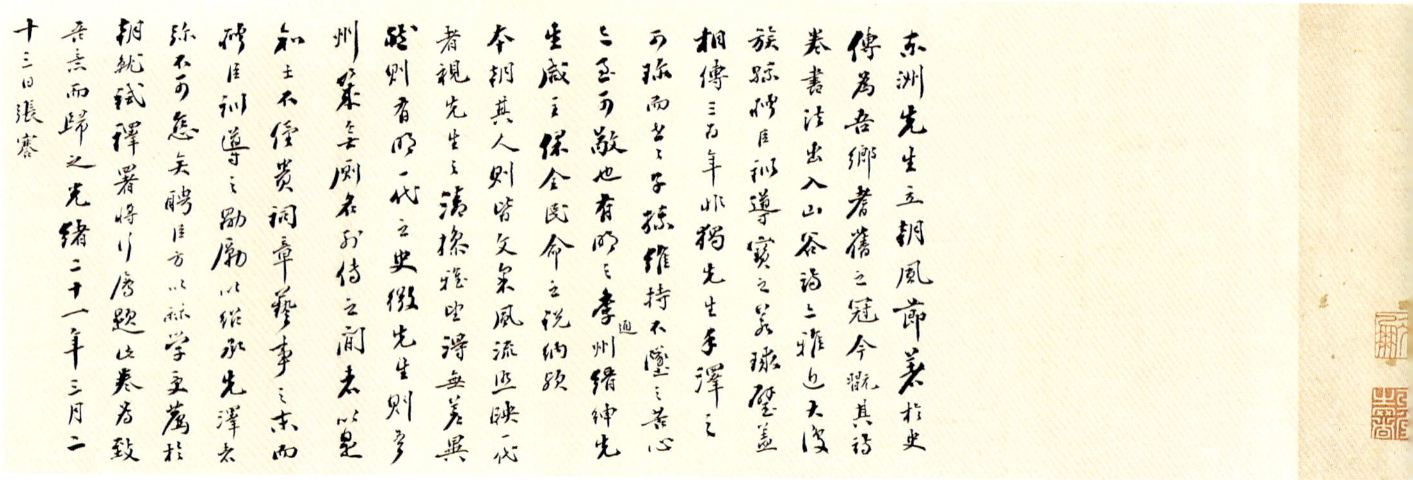

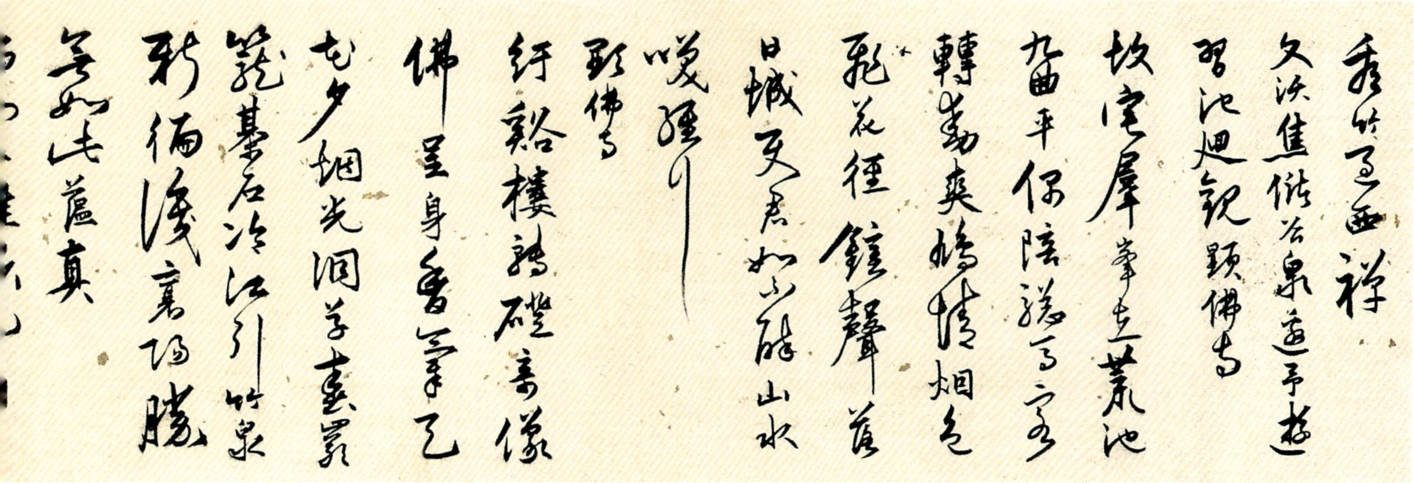

（三）

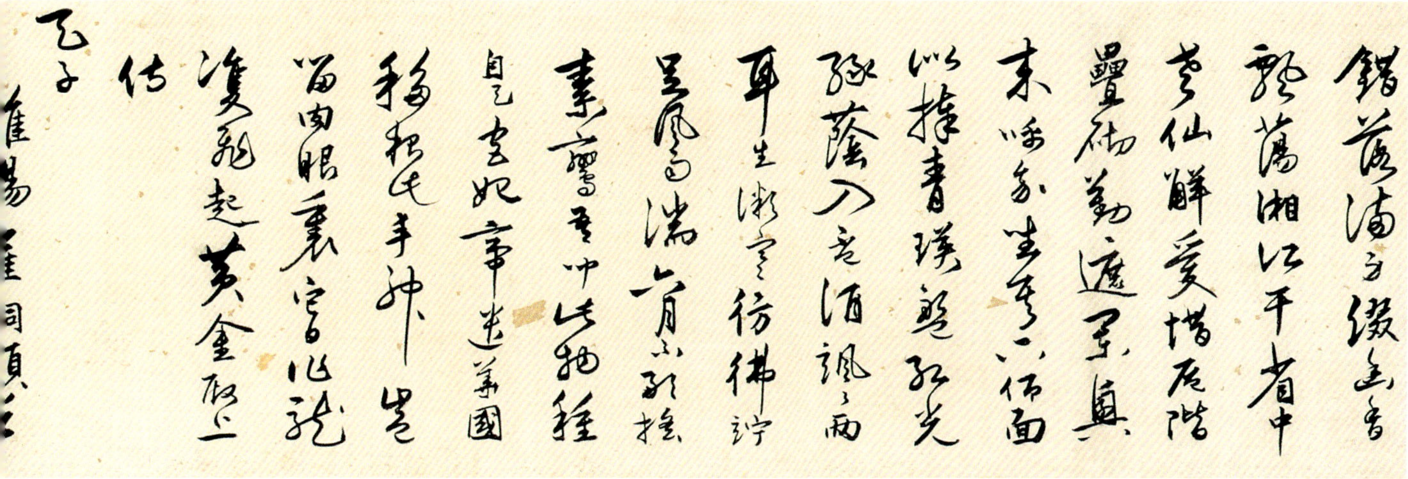

（四）

行草仿米帖　明　董其昌

家山只在吳東流水每到橋時
眼便東昨來南室一覽夢里
玄堂上看花鴻
傲米元
其昌

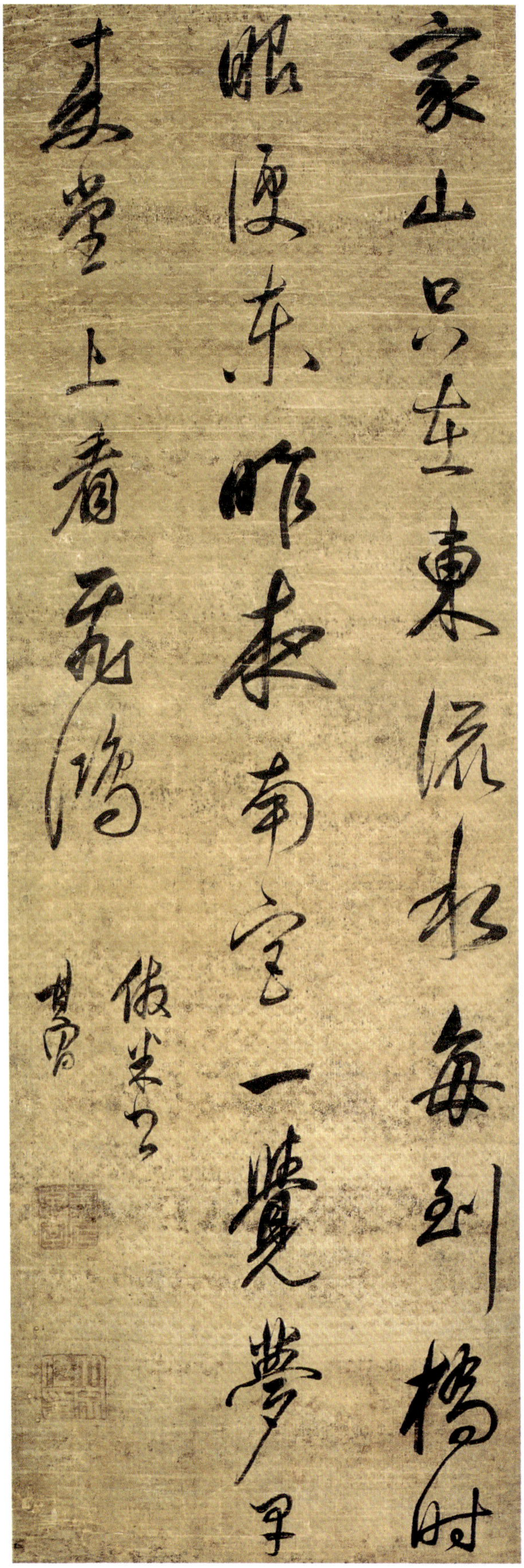

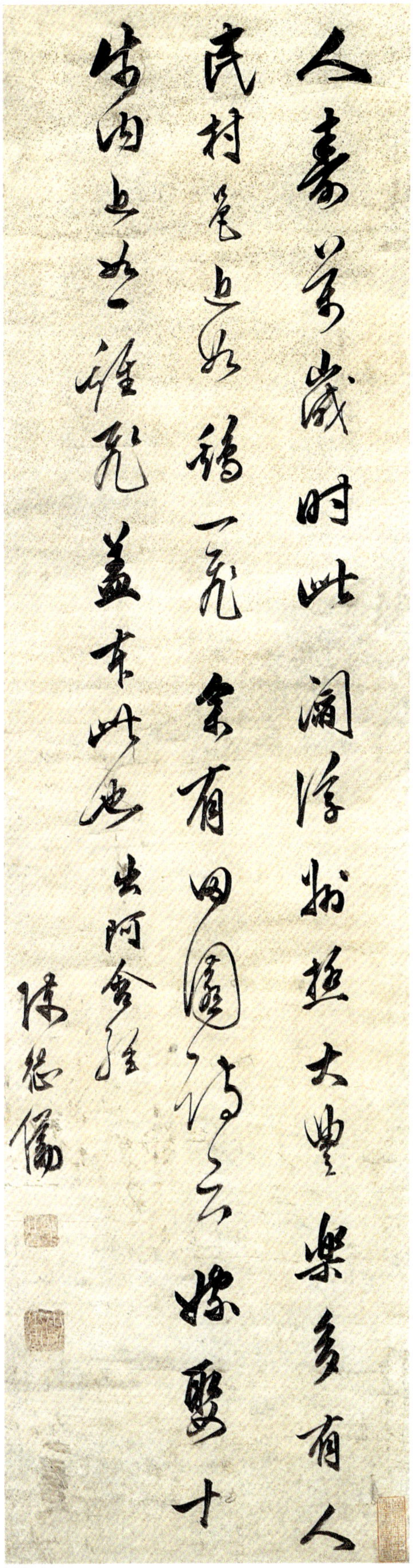

行书阿含经句　明　陈继儒

**观音像** 明 李麟

**秋江钓艇图** 明 关思

博官秉扬夜金鑷月出西南
剩雪峰不秀逢萊壹五毫南玄
天子气真龍　瑞图

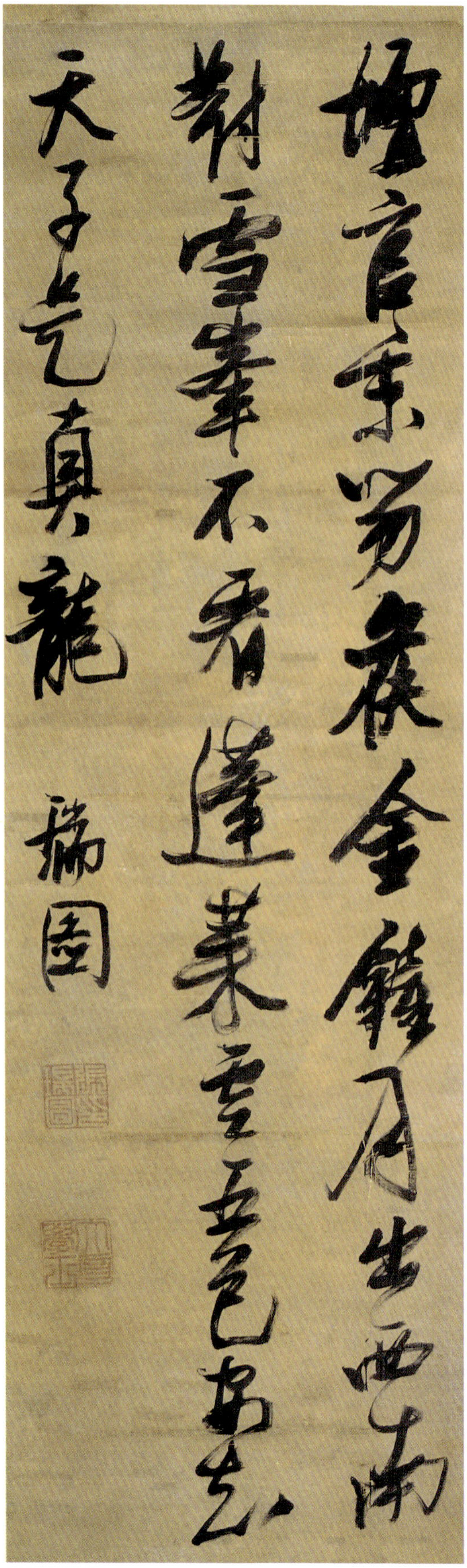

行草七绝诗　明　张瑞图

飞来名画去江湖才到中村杆屋
浮望除却买去沽泛弟为化甚
鹤雏鱼租六遍围分韵书名
色苦老丈
范凤翼书

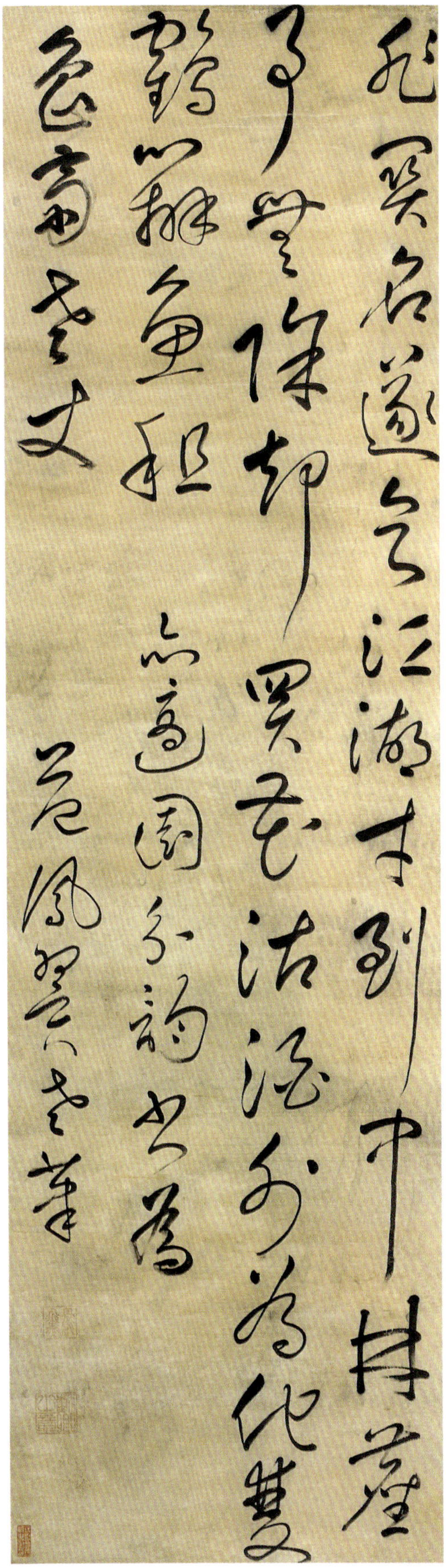

草书七绝诗　明　范凤翼

**雪江晚渡图** 明 张宏

飞来名岳气江湖主到中枯萝

浮堂深却买玄玄沽泛游为化弗

鹤山雅鱼租点意图分韵书高

色高丈丈

范凤翼书草

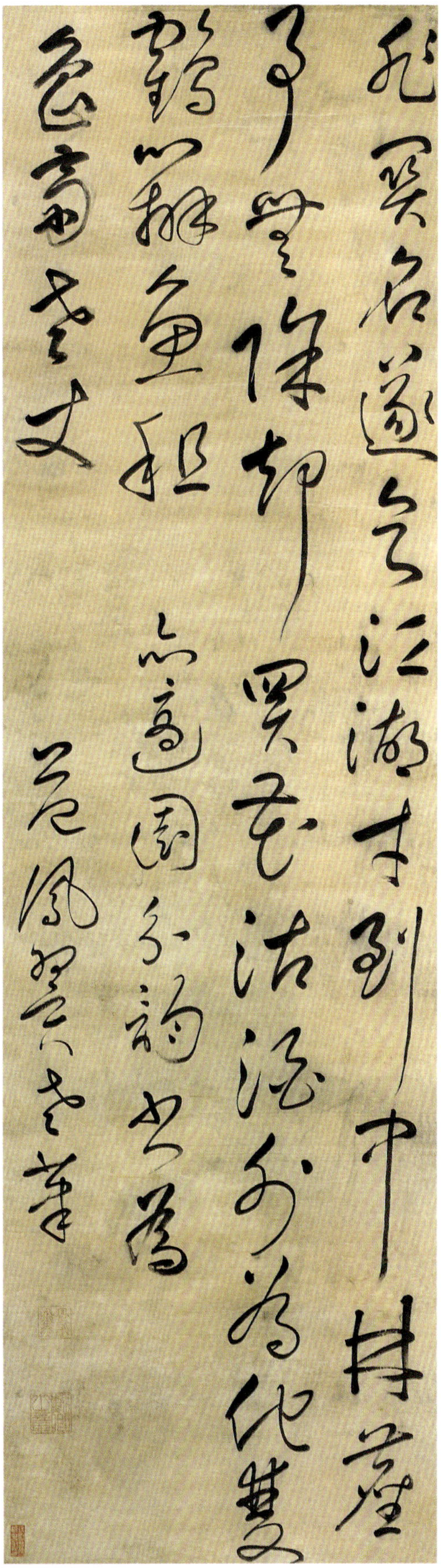

草书七绝诗　明　范凤翼

**雪江晚渡图** 明 张宏

**秋壑清宫图** 明 蓝瑛

**梅花图**　明　包壮行

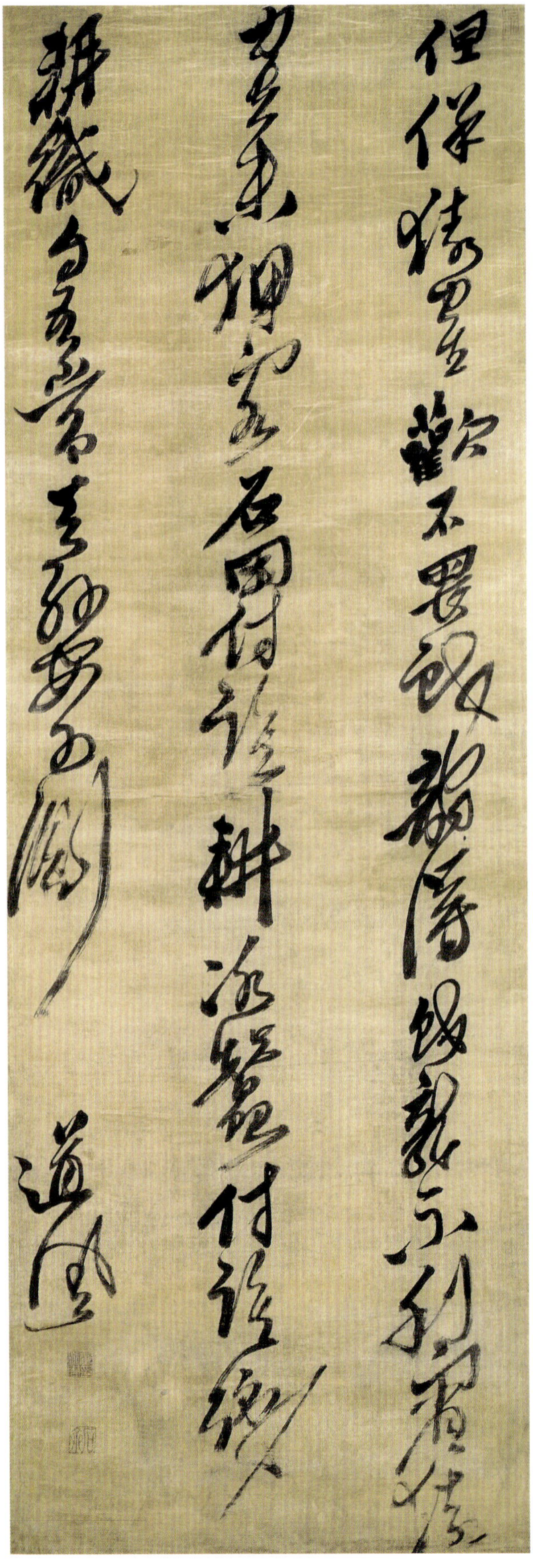

草书五古诗　明　黄道周

**篙楫安流图** 明 魏居敬

此前明崇禎癸未進士包右圃壯行畫繪林伐材稱壯行工
鈎勒梅花水墨竹石顧鄉里之間流傳絶少似此巨幅尤為僅
見初得時前側之下猶存一包字後為裱工剩棄無可徵信後
之人將不辨為何人所作可惜也題而識之付博物館以存先
輩名蹟光緒三十三年丁未八月二十二日張謇

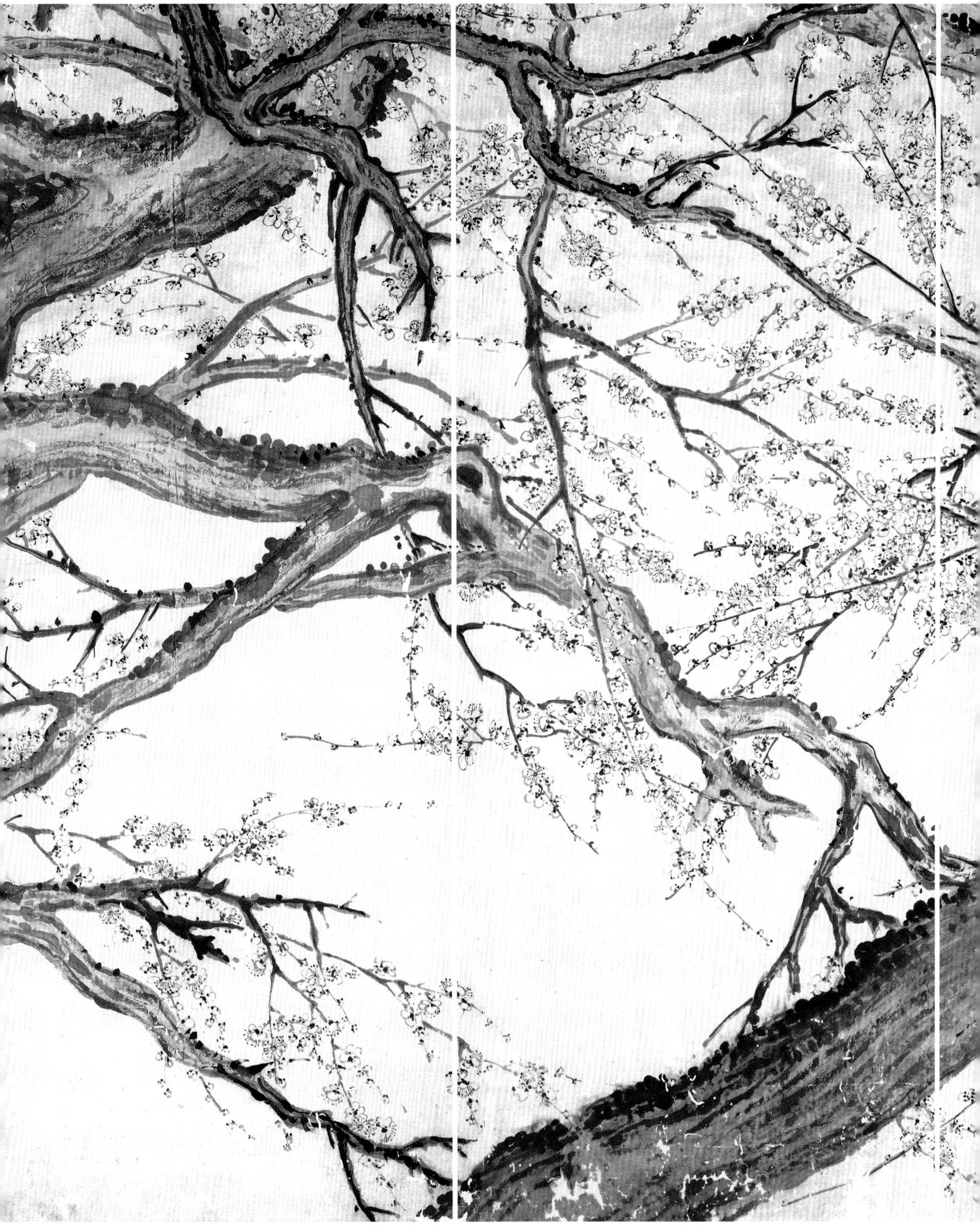

万斛清香图　明　刘世儒

**弘储像** 清 顾见龙

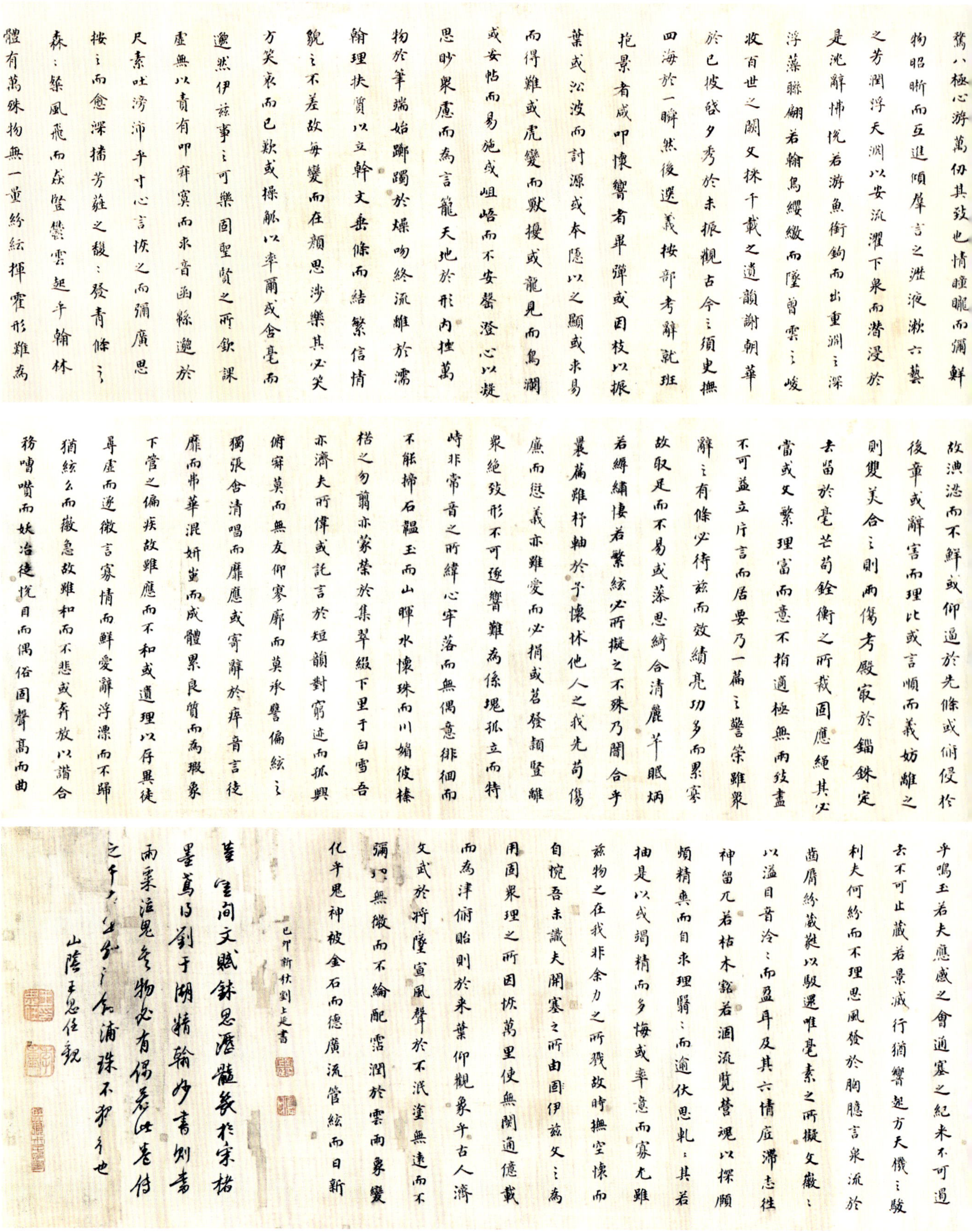

騖八極心游萬仞其致也情曈曨而彌鮮
物昭晣而互進傾羣言之瀝液漱六藝
之芳潤浮天淵以安流濯下泉而潛浸於
是沈辭怫悅若游魚銜鉤而出重淵之深
浮藻聯翩若翰鳥纓繳而墜曾雲之峻
收百世之闕文採千載之遺韻謝朝華
於已披啟夕秀於未振觀古今之須臾撫
四海於一瞬然後選義按部考辭就班
抱景者咸叩懷響者畢彈或因枝以振
葉或沿波而討源或本隱以之顯或求易
而得難或虎變而獸擾或龍見而鳥瀾
或妥帖而易施或岨峿而不安罄澄心以凝
思眇衆慮而為言籠天地於形內挫萬
物於筆端始躑躅於燥吻終流離於濡
翰理扶質以立幹文垂條而結繁信情
貌之不差故每變而在顏思涉樂其必笑
方言哀而已歎或操觚以率爾或含毫而
邈然伊茲事之可樂固聖賢之所欽課
虛無以責有叩寂寞而求音函緜邈於
尺素吐滂沛乎寸心言恢之而彌廣思
按之而愈深播芳蕤之馥馥發青條之
森森粲風飛而猋豎鬱雲起乎翰林
體有萬殊物無一量紛紜揮霍形難為

故淟涊而不鮮或仰逼於先條或俯侵於
後章或辭害而理比或言順而義妨離之
則雙美合之則兩傷考殿最於錙銖定
去留於毫芒苟銓衡之所裁固應繩其必
當或文繁理富而意不指適極無兩致盡
不可益立片言而居要乃一篇之警策雖衆
辭之有條必待茲而效績亮功多而累寡
故取足而不易或藻思綺合清麗千眠炳
若縟繡悽若繁絃必所擬之不殊乃闇合乎
曩篇雖杼軸於予懷怵他人之我先苟傷
廉而愆義亦雖愛而必捐或苕發穎豎離
衆絕致形不可逐響難為係塊孤立而特
峙非常音之所緯心牢落而無偶意徘徊而
不能揥石韞玉而山暉水懷珠而川媚彼榛
楛之勿翦亦蒙榮於集翠綴下里於白雪吾
亦濟夫所偉或託言於短韻對窮迹而孤興
俯寂寞而無友仰寥廓而莫承譬偏絃之
獨張含清唱而靡應或寄辭於瘁音言徒
靡而弗華混妍蚩而成體累良質而為瑕象
下管之偏疾故雖應而不和或遺理以存異徒
尋虛而逐微言寡情而鮮愛辭浮漂而不歸
猶絃幺而徽急故雖和而不悲或奔放以諧合
務嘈囋而妖冶徒悅目而偶俗固聲高而曲

乎鳴玉若夫應感之會通塞之紀來不可遏
去不可止藏若景滅行猶響起方天機之駿
利夫何紛而不理思風發於胸臆言泉流於
脣齒紛葳蕤以馺遝唯毫素之所擬文徽徽
以溢目音泠泠而盈耳及其六情底滯志往
神留兀若枯木豁若涸流覽營魂以探賾
頓精爽而自求理翳翳而愈伏思軋軋其若
抽是以或竭精而多悔或率意而寡尤雖
茲物之在我非余力之所戮故時撫空懷而
自惋吾未識夫開塞之所由伊茲文之為
用固衆理之所因恢萬里使無閡通億載
而為津俯貽則於來葉仰觀象乎古人濟
文武於將墜宣風聲於不泯塗無遠而不
彌理無微而不綸配霑潤於雲雨象變
化乎鬼神被金石而德廣流管絃而日新

己卯新秋劉上廷書

華亭文賦鉢思靈髓發於宋楮
墨葛乃劉于湖精翰妙書則書
兩美洹鬼物必有偶為此卷付
之千人之針之浦珠不翅矣也
山陰王思任觀

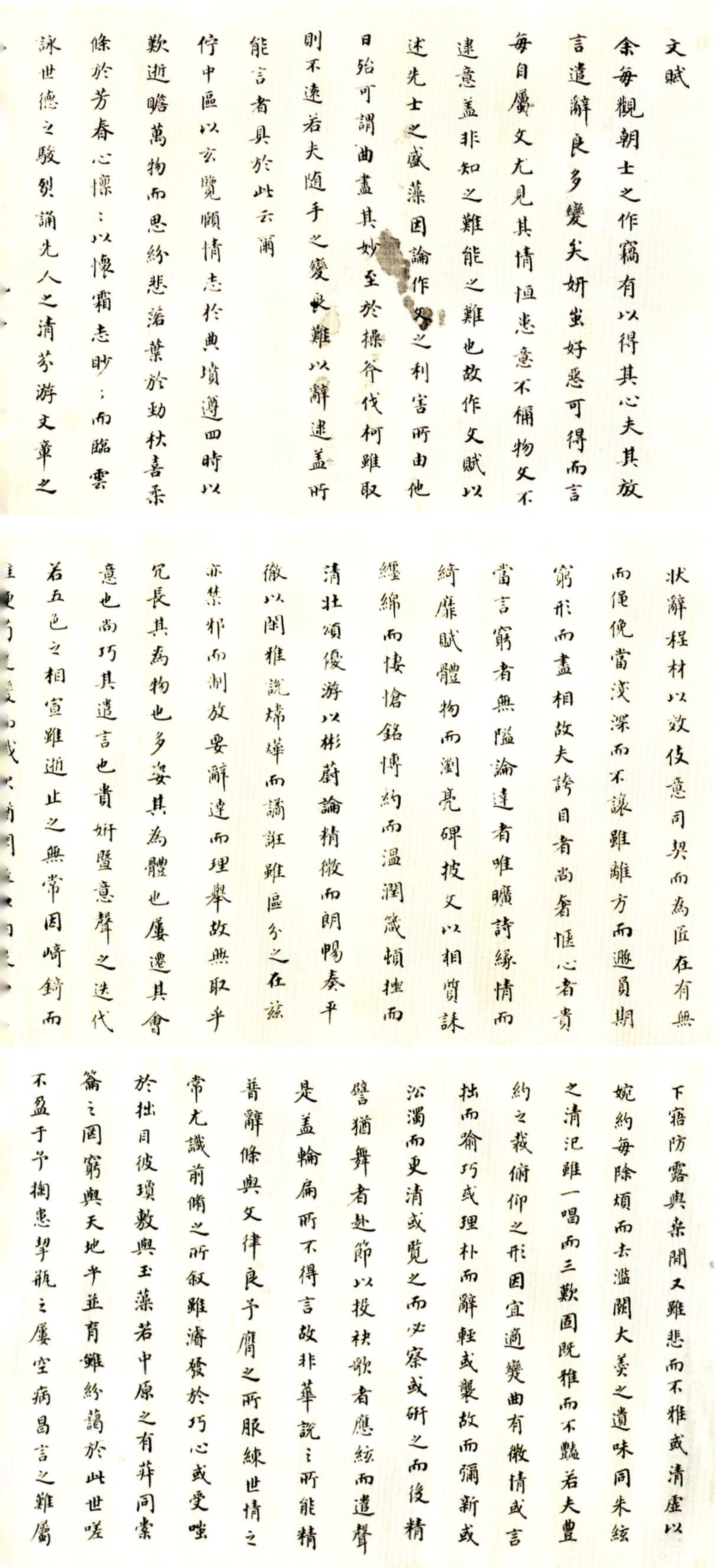
文賦
余每觀朝士之作竊有以得其心夫其放
言遣辭良多變矣妍蚩好惡可得而言
每自屬文尤見其情恒患意不稱物文不
逮意蓋非知之難能之難也故作文賦以
述先士之盛藻因論作文之利害所由他
日殆可謂曲盡其妙至於操斧伐柯雖取
則不遠若夫隨手之變良難以辭逮蓋所
能言者具於此云爾
佇中區以玄覽頤情志於典墳遵四時以
歎逝瞻萬物而思紛悲落葉於勁秋喜柔
條於芳春心懍懍以懷霜志眇眇而臨雲
詠世德之駿烈誦先人之清芬游文章之
狀辭程材以效伎意司契而為匠在有無
而僶俛當淺深而不讓雖離方而遯員期
窮形而盡相故夫誇目者尚奢愜心者貴
當言窮者無隘論達者唯曠詩緣情而
綺靡賦體物而瀏亮碑披文以相質誄
纏綿而悽愴銘博約而溫潤箴頓挫而
清壯頌優游以彬蔚論精微而朗暢奏平
徹以閑雅說煒曄而譎誑雖區分之在茲
亦禁邪而制放要辭達而理舉故無取乎
冗長其為物也多姿其為體也屢遷其會
意也尚巧其遣言也貴妍暨音聲之迭代
若五色之相宣雖逝止之無常固崎錡而
下寤防露與桑間又雖悲而不雅或清虛以
婉約每除煩而去濫闕大羹之遺味同朱絃
之清氾雖一唱而三歎固既雅而不艷若夫豐
約之裁俯仰之形因宜適變曲有微情或言
拙而喻巧或理朴而辭輕或襲故而彌新或
沿濁而更清或覽之而必察或研之而後精
譬猶舞者赴節以投袂歌者應絃而遣聲
是蓋輪扁所不得言故非華說說所能精
普辭條與文律良予膺之所服練世情之
常尤識前脩之所淑雖濬發於巧心或受嗤
於拙目彼瓊敷與玉藻若中原之有菽同橐
籥籥罔窮與天地乎並育雖紛藹於此世嗟
不盈于予掬患挈瓶之屢空病昌言之難屬

**楷书文赋** 明 刘上延

三祝图　清　顾骢

**蕉石图** 清 郜琏

此卷余以辛酉夏得于长安卷有文寿承题董文敏字其半不知何图也晚岁

天启定为潇湘图董宣叔画谱一一量而以迁次为境所谓洞庭张乐

地潇湘一带可临余两卧揭郎长沙行潇湘道中董氏陵汉纲行

湘蒸木节庵樵径晴窗一电堰一水此图合人不動而而居临潇江合余皆

人有以画为低山水而以山水为真画长河颜似尺水於范画立地凤凰此电

光奇古荒率僧巨然子以墨为丹梅道人书甚二窗太余自举似欤直也器印

先师少董文敏公题於范潇湘图卷以当之每潇湘为生平胜画书巢

书福容於烟迄橘梓花学揭三湘晓会潇湘君子座潇省数乞此雷寿人在连十雷即绘巢武八书人贸彩寿

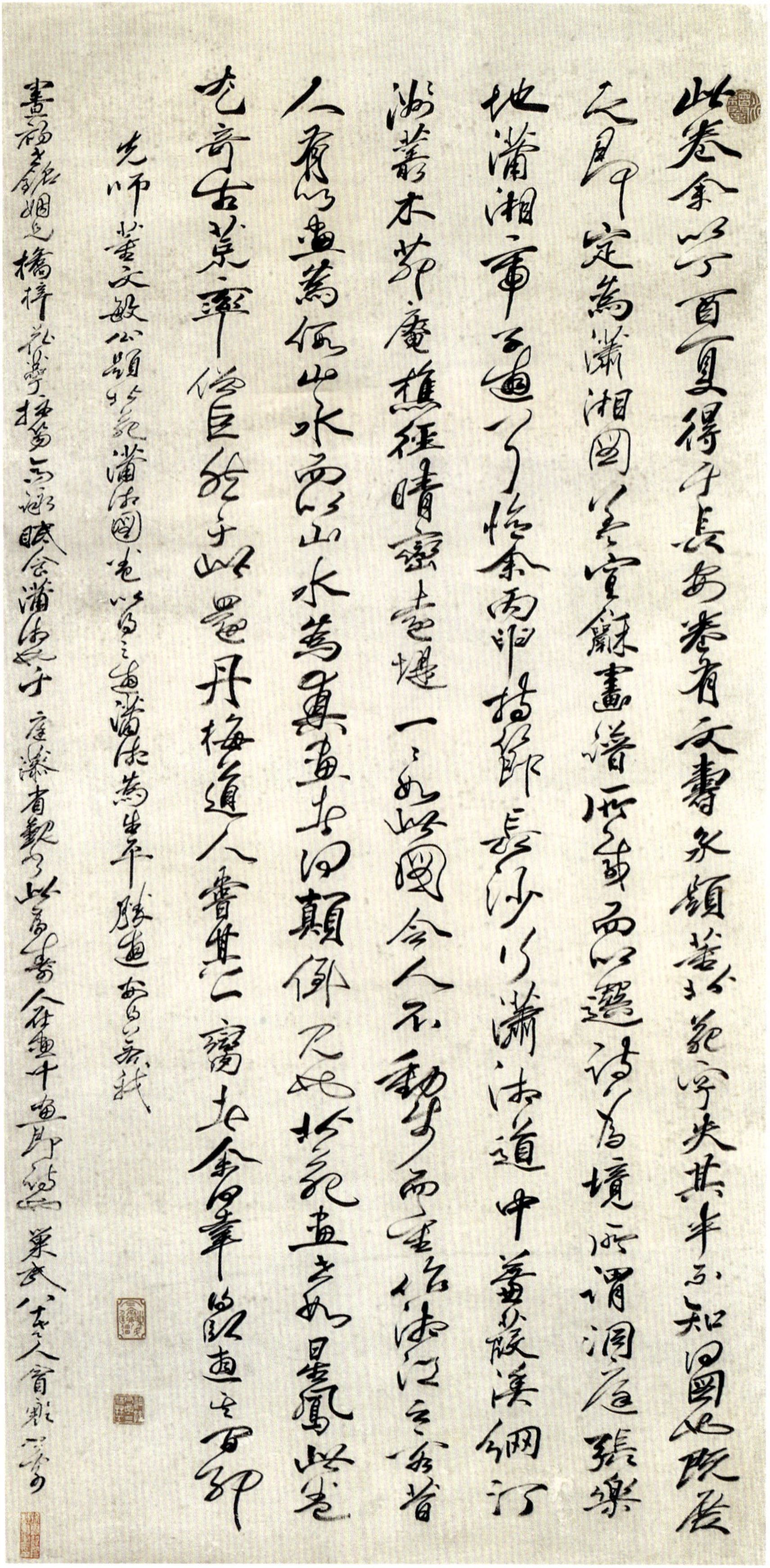

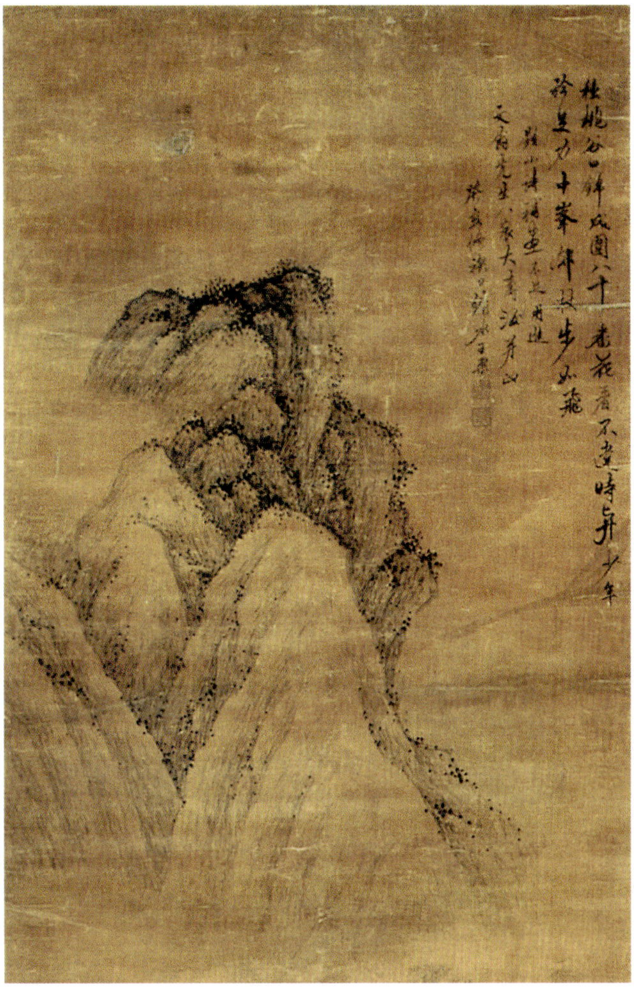

**为文翁作山水**　清　王槩

结庐左入境市無車馬喧閉君
何能衛心遠地自偏味菊東籬
下悠然見南山此氣日夕佳鳥
飛相与還此中有真意談辯已
忘吾

開歲條五日吾生行歸佳念之動中懷及辰游氣和
天惟澄班尘依遠流弱滿文默開谷稿鳴鷗迴澤散游
目縝然畦魯卯提壺挹俗引滿更獻景知從令夫當
復揚以巹中龍綏逸情忘後千載憂且極今朝樂明日
非而求

(一)

(二)

陶渊明诗意图 清 戴本孝

（八）

（七）

弱齡寄事外委懷在琴書被褐欣自得屢空常
晏如時來苟冥會踠轡憩通衢投策命晨裝暫
與園田疏眇眇孤舟逝綿綿歸思紆我行豈不遥登
降千里餘目倦川塗異心念山澤居望雲慙
高鳥臨水愧游魚真想初在襟誰謂形跡拘
聊且憑化遷終返班生廬

(六)

故人賞我趣挈壺相與至班荊坐松下數斟已
復醉父老雜亂言觴酌失行次不覺知有我安知
物為貴悠悠迷所留酒中有深味

(五)

（十二）

（十一）

（十）

（九）

逢二白雲一南一爪一
東一卤九鼎既成邊之
于三國

夏禹鑄鼎謠戈辰
歸書於毛
稼軒
吾且老農

火滅悲容睿戒必恭
恭則忌

周武王帶銘戈辰早夏書於
毛稼軒
吾口鄭蓋

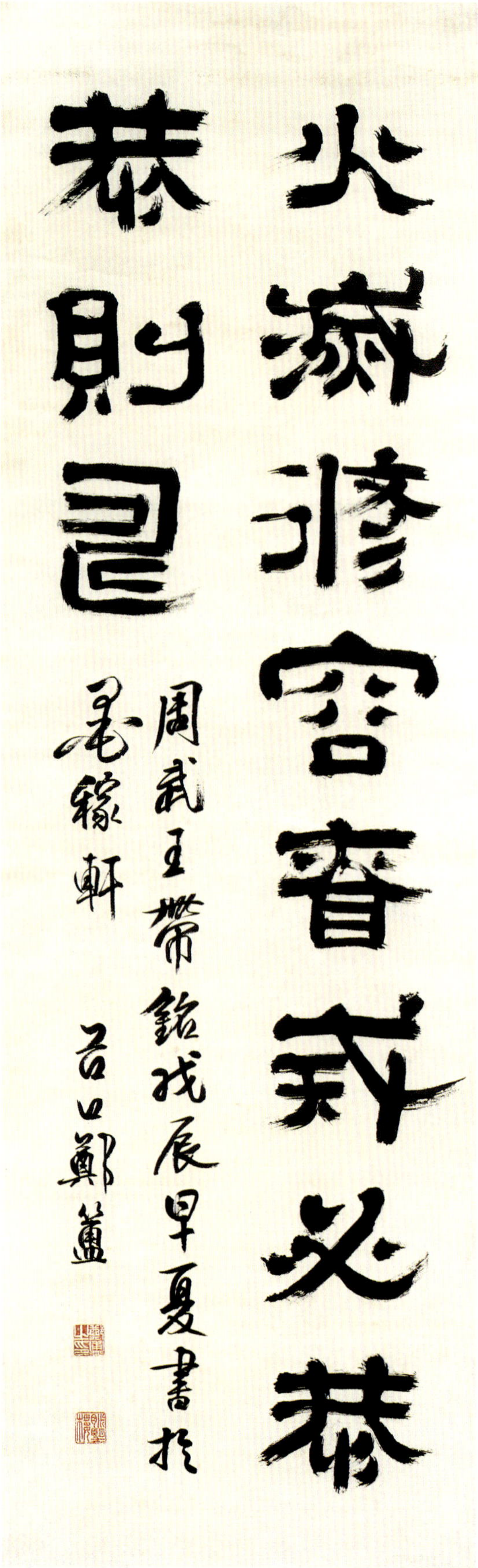

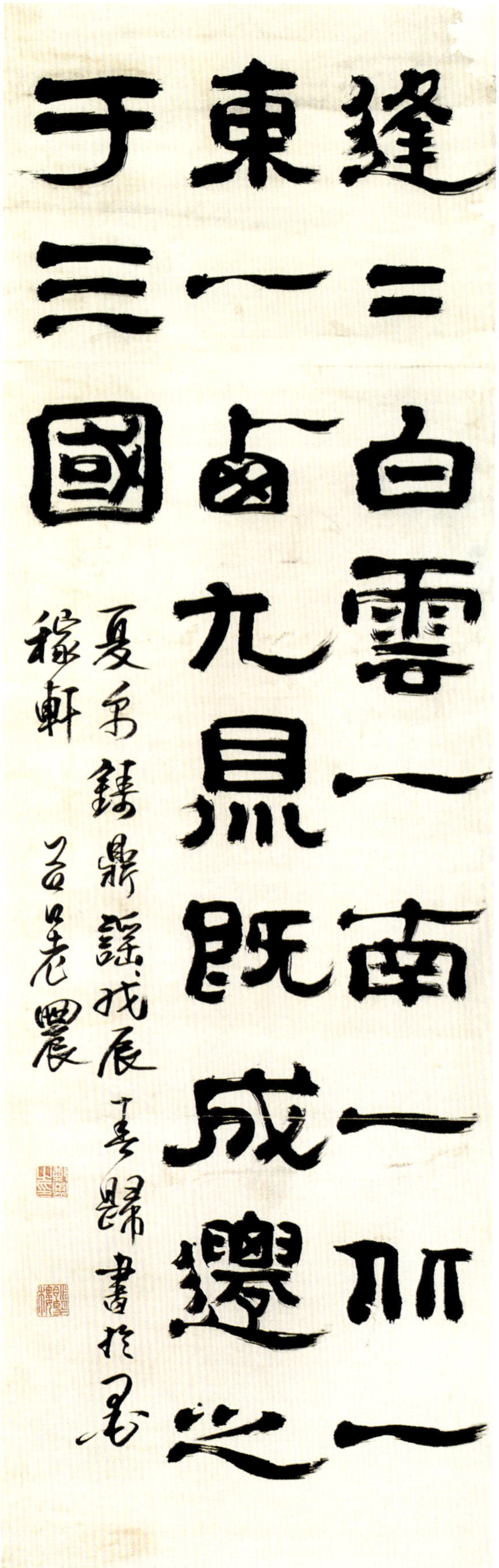

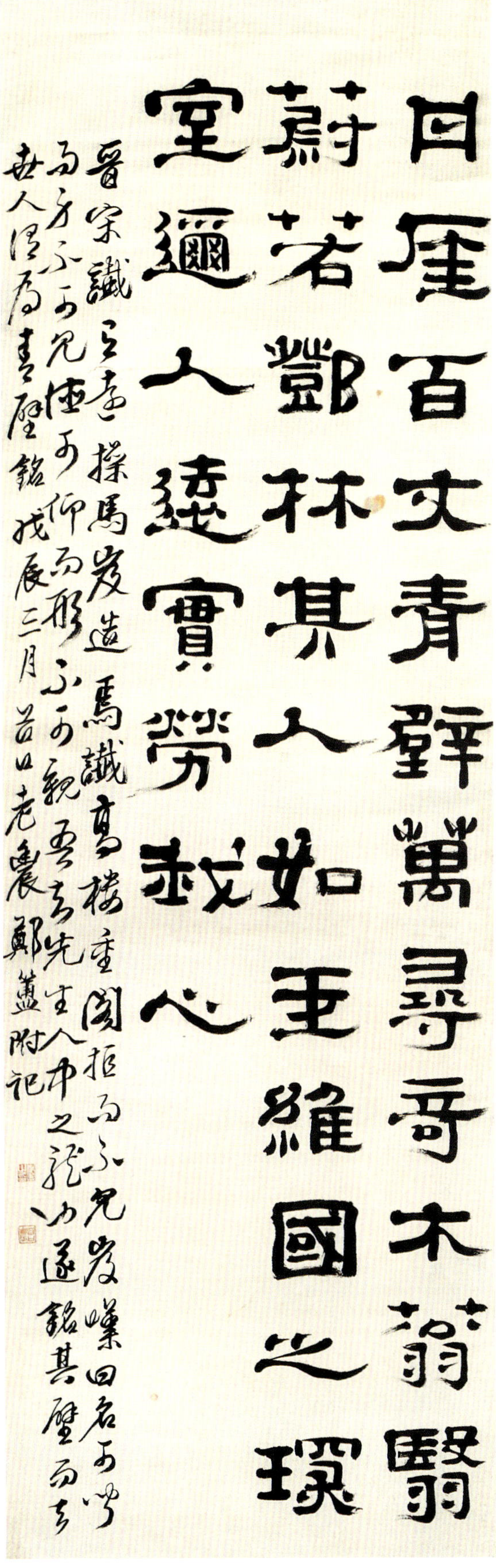


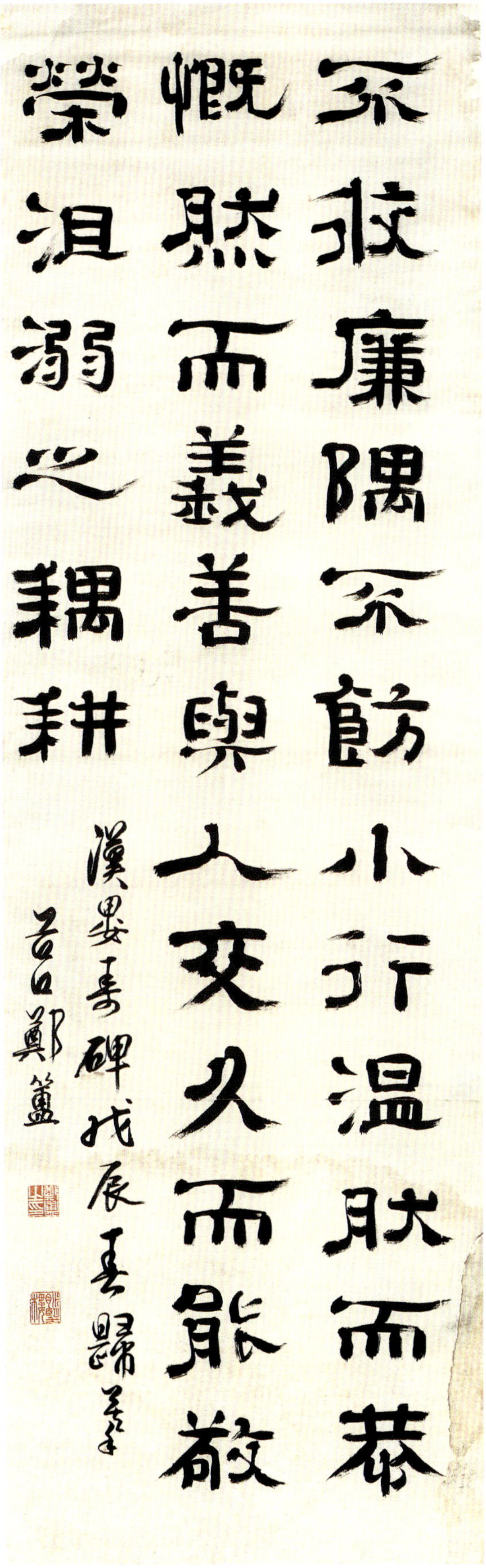


隶书周武王带铭等　清　郑簠

清山远眺图　清　高其佩

**烟寺风帆图** 清 李堂、李山

山溪水涉图　清　蔡远

画事雅谈间画工非图竹叶牡丹红白琅林下陶弘景秦地淇园卫武公 晴江李方膺重摹

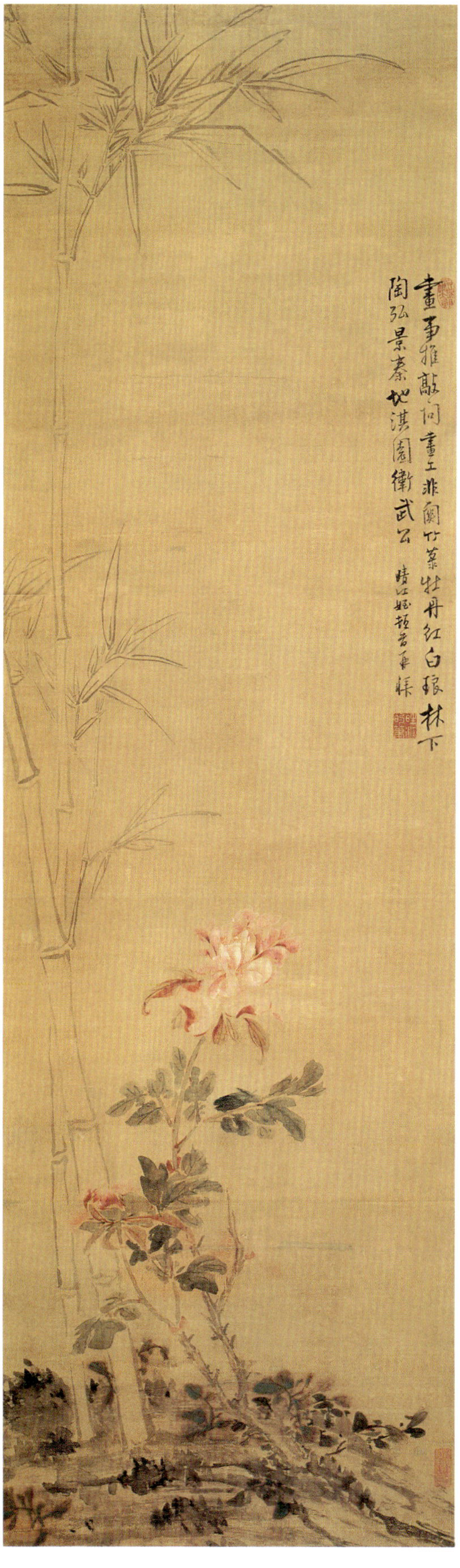

翠竹牡丹图　清　李方膺

(四)

(三)

(二)

(一)

山水　清　吴期远

以雲林為圖筆古黑法余細讀
敷中多奇峰句波墨入盈中
展見渦墨真點已先峰奈心矣因
仿其林上林飲
越復繁圖吳林志

此箭結夏圖仿宋人粉本不識
君莫香满風徐苯之意否
思某子林志

（六）

（五）

（十二）

（十一）

（十）

（九）

梅花图 清 李方膺

菊石图 清 丁有煜

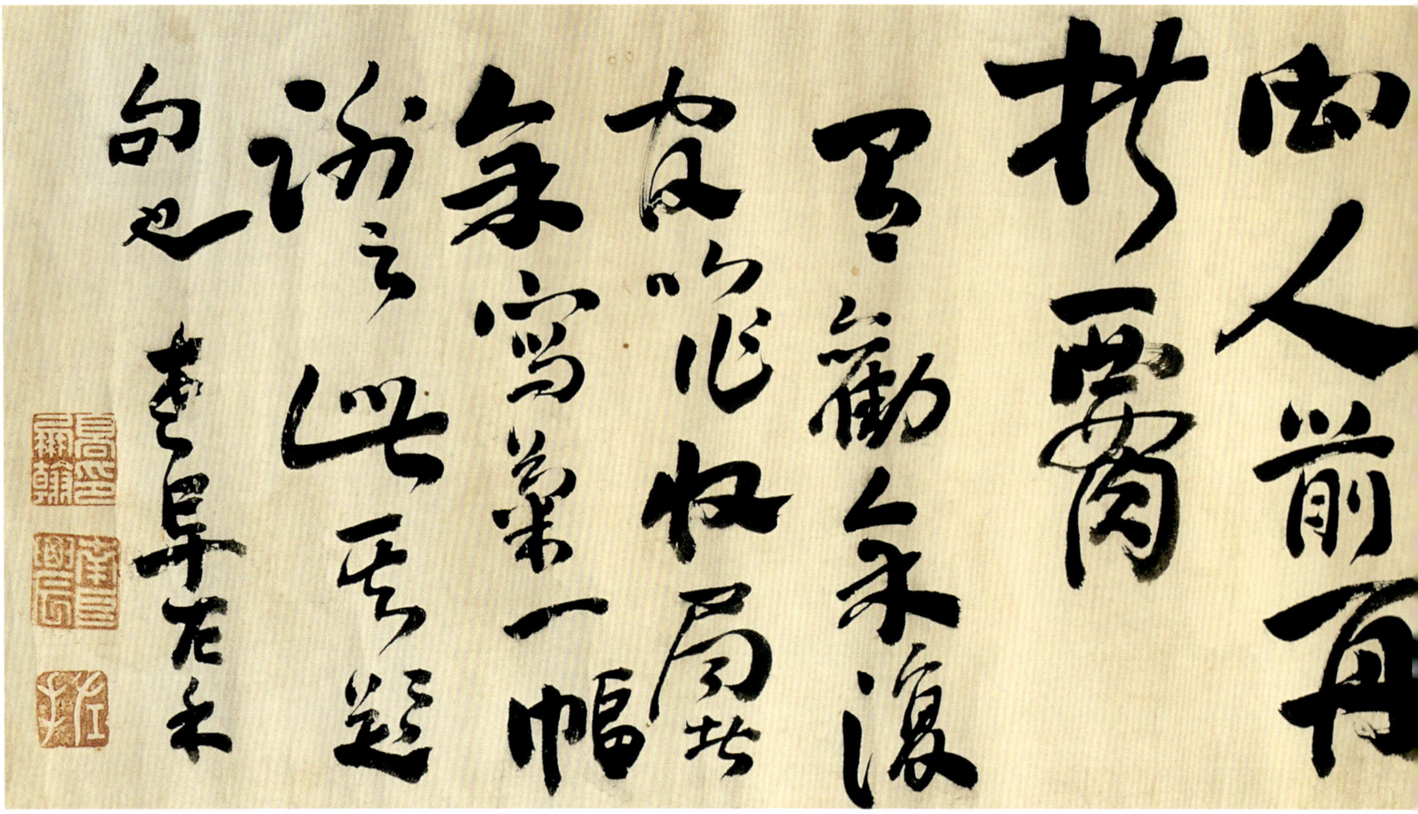

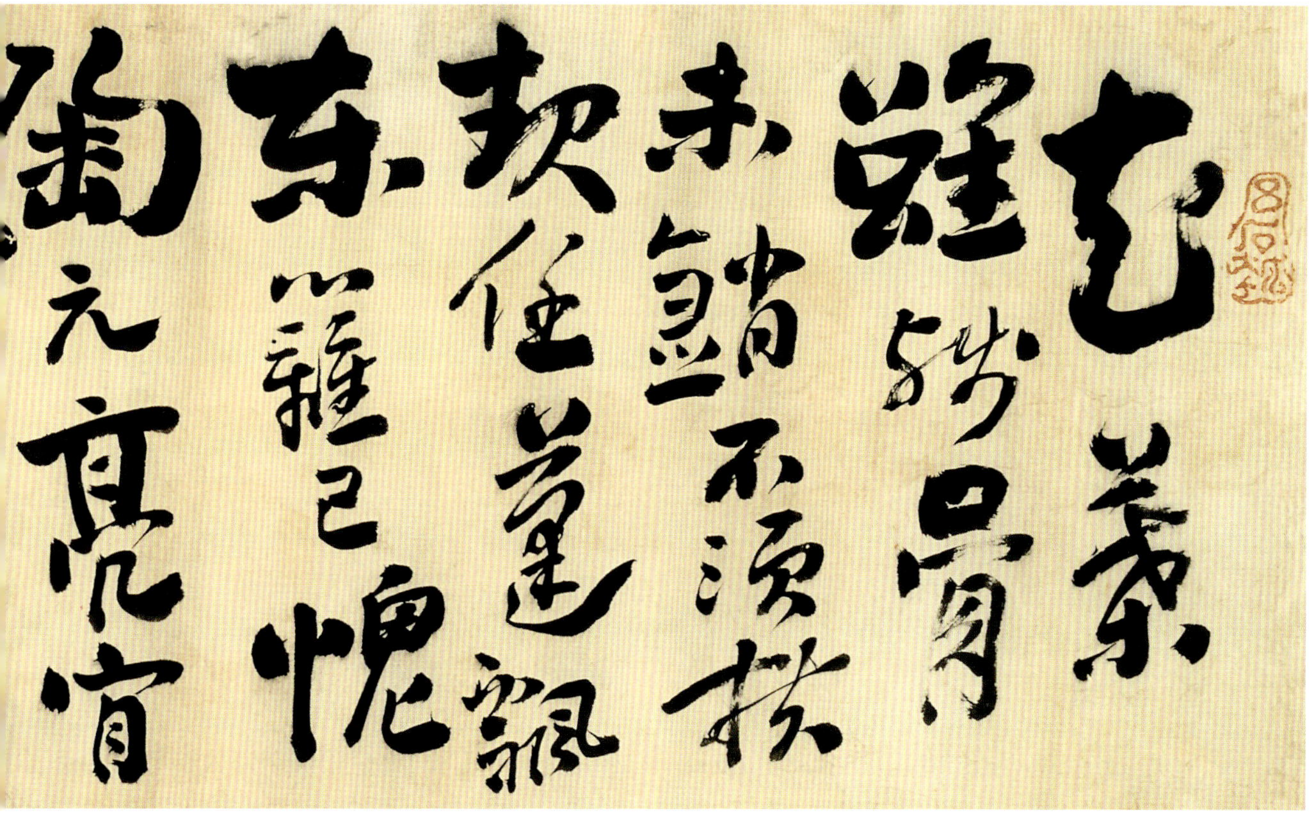

行书七绝诗　清　高凤翰

千手观音像　清　华嵒

**萱花图** 清 李鱓

（四）

（三）

（二）

（一）

**人物故事** 清 黄慎

（八）

（七）

(六)

(五)

（十二）

（十一）

（十）

（九）

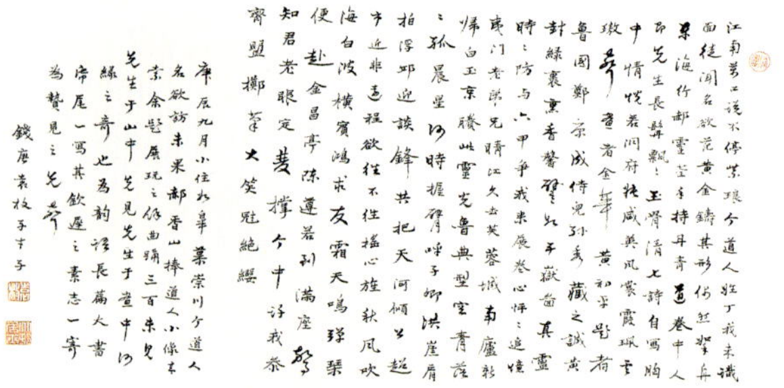

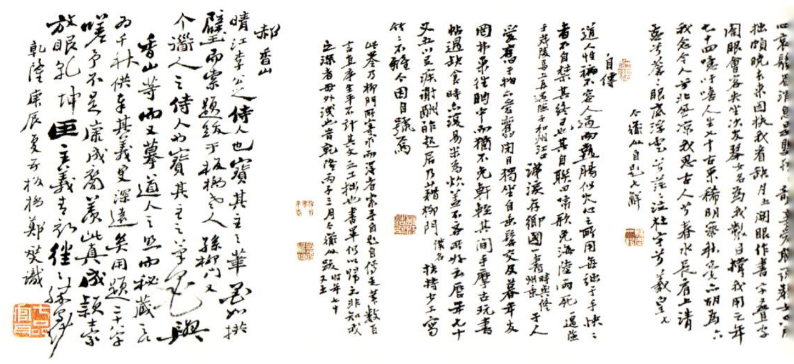

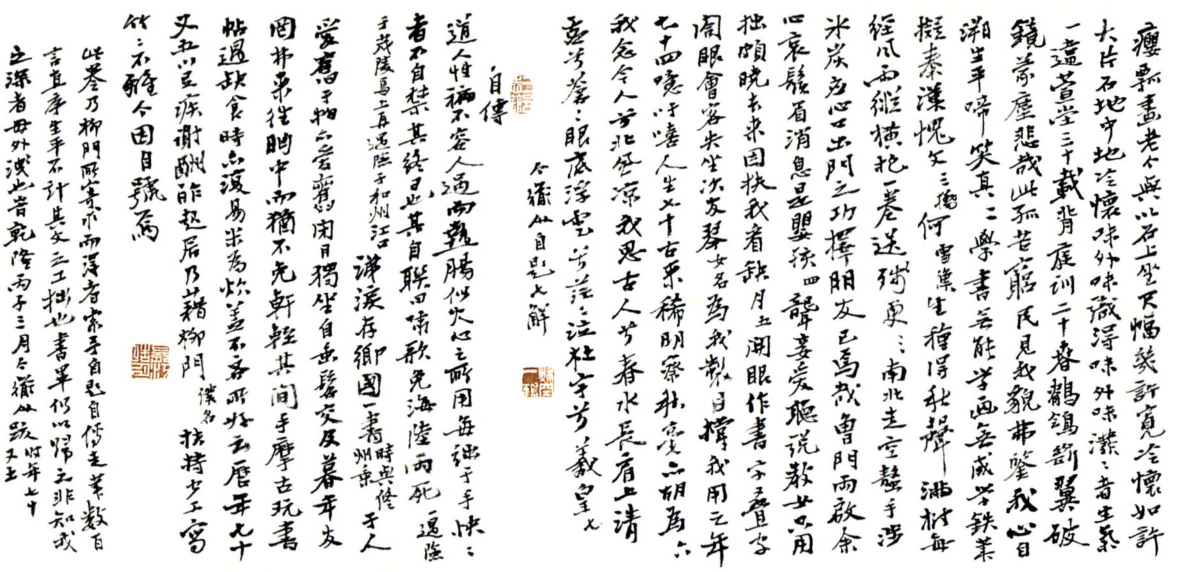

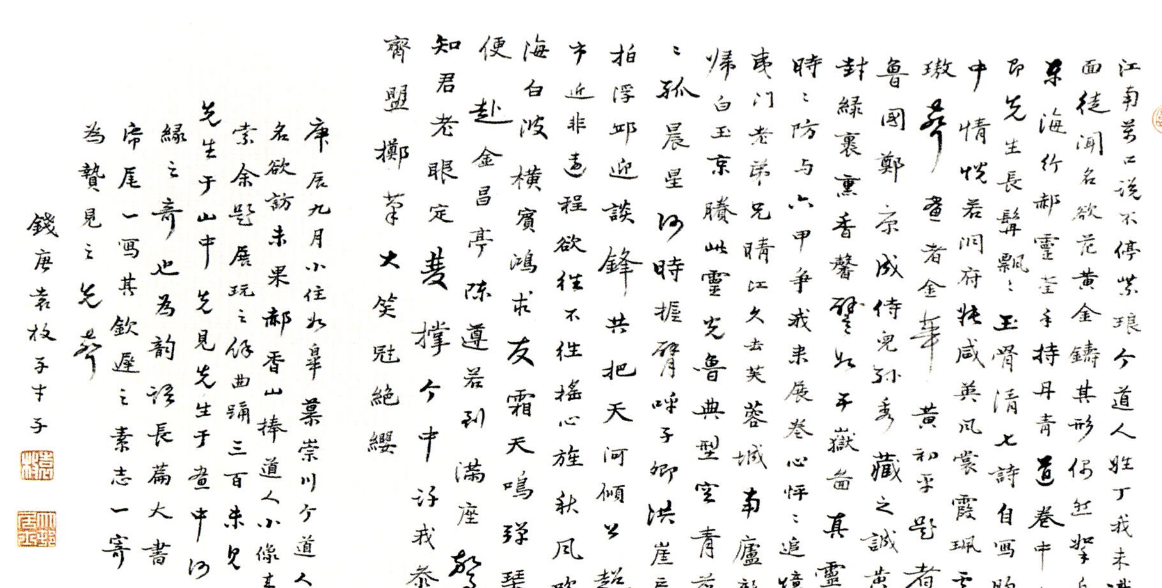

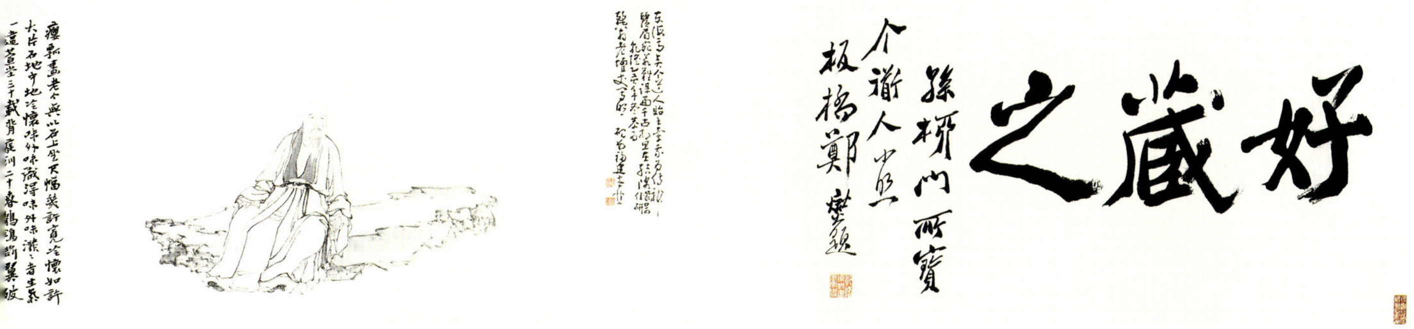


丁有煜像 清 黄慎

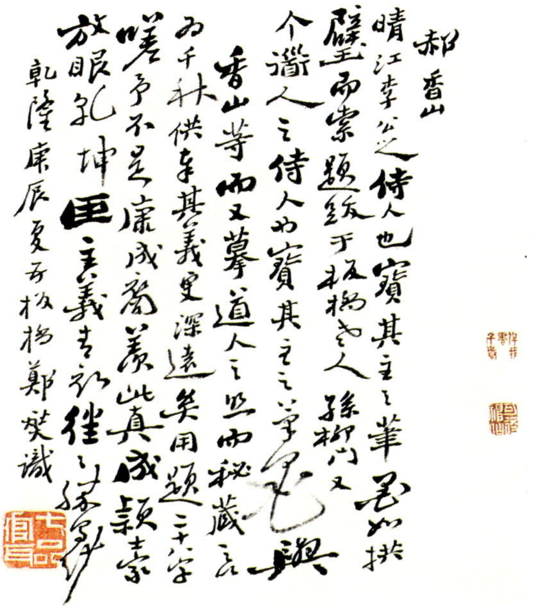

松溪采芝图

清 屠倬

秋山行旅图
清　顾原

桃花飞鸟图　清　范利仁

**放鹤图** 清 张雨森

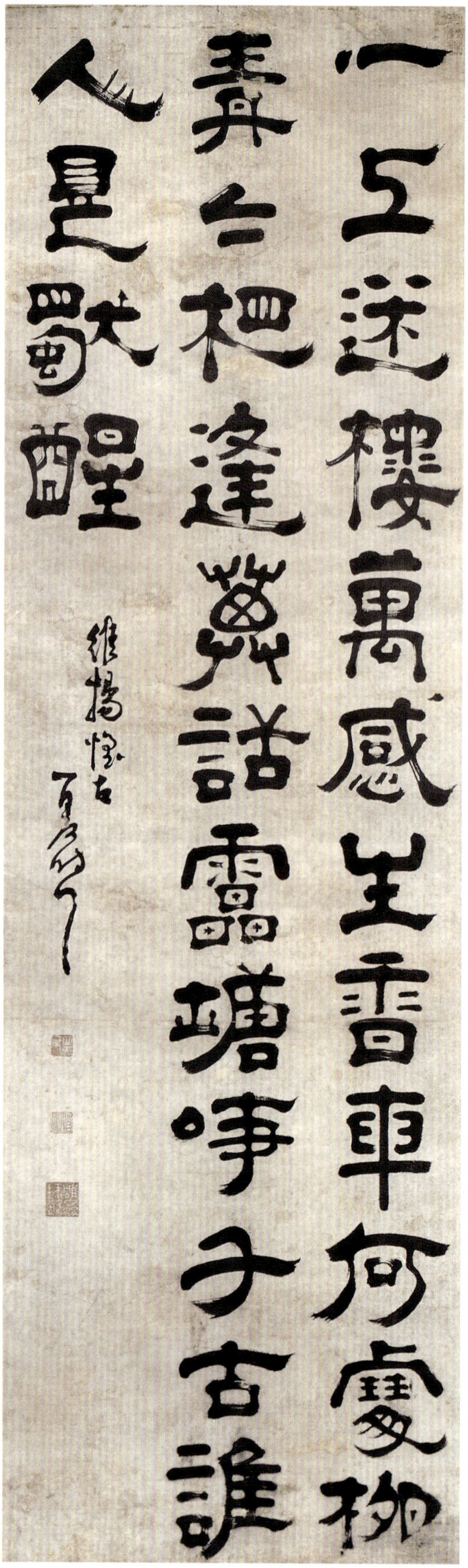

隶书维扬怀古诗　清　夏时行

双雁秋荷图　清　范箴

水月观音像　清　林雪

石磴穿霧遠風峋瑟
却見松房逝香粒詩
丙寅四月武林華浚寫
飛花點碧衫
飢鼠絕貪饒

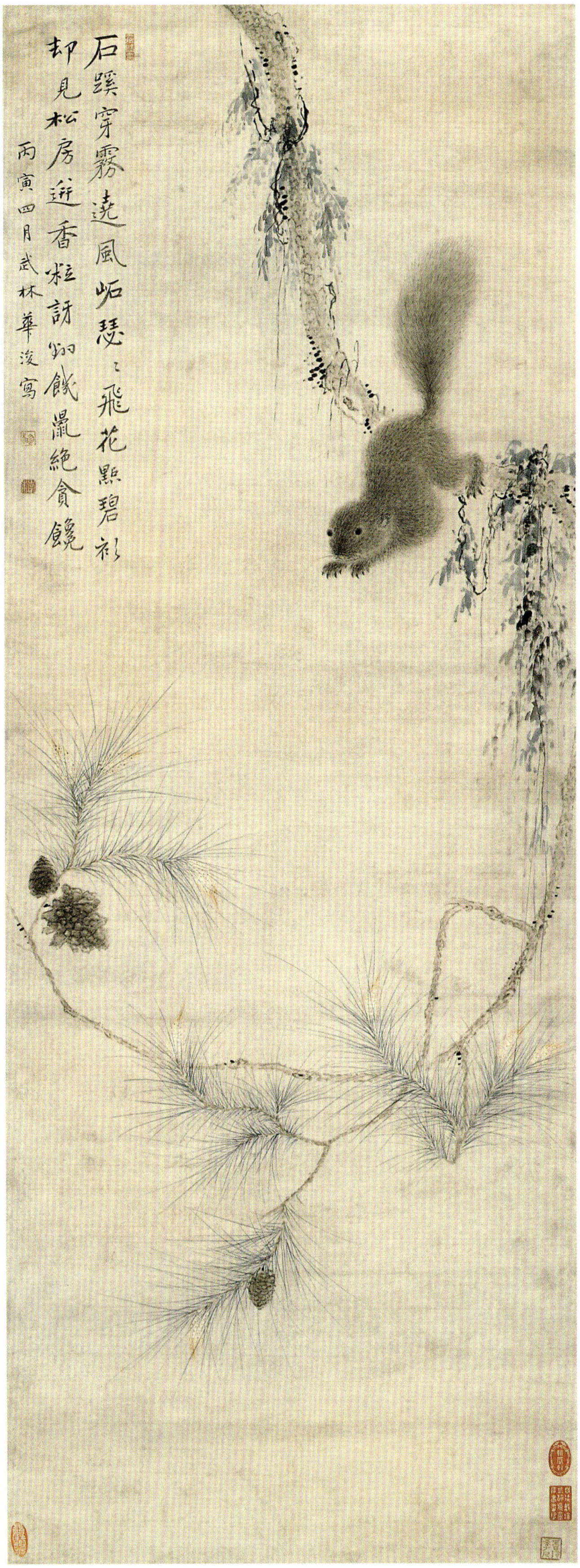

松鼠图　清　华浚

年之二三月花落蹈新音不知辛苦事

皆為綺羅人

松原老人

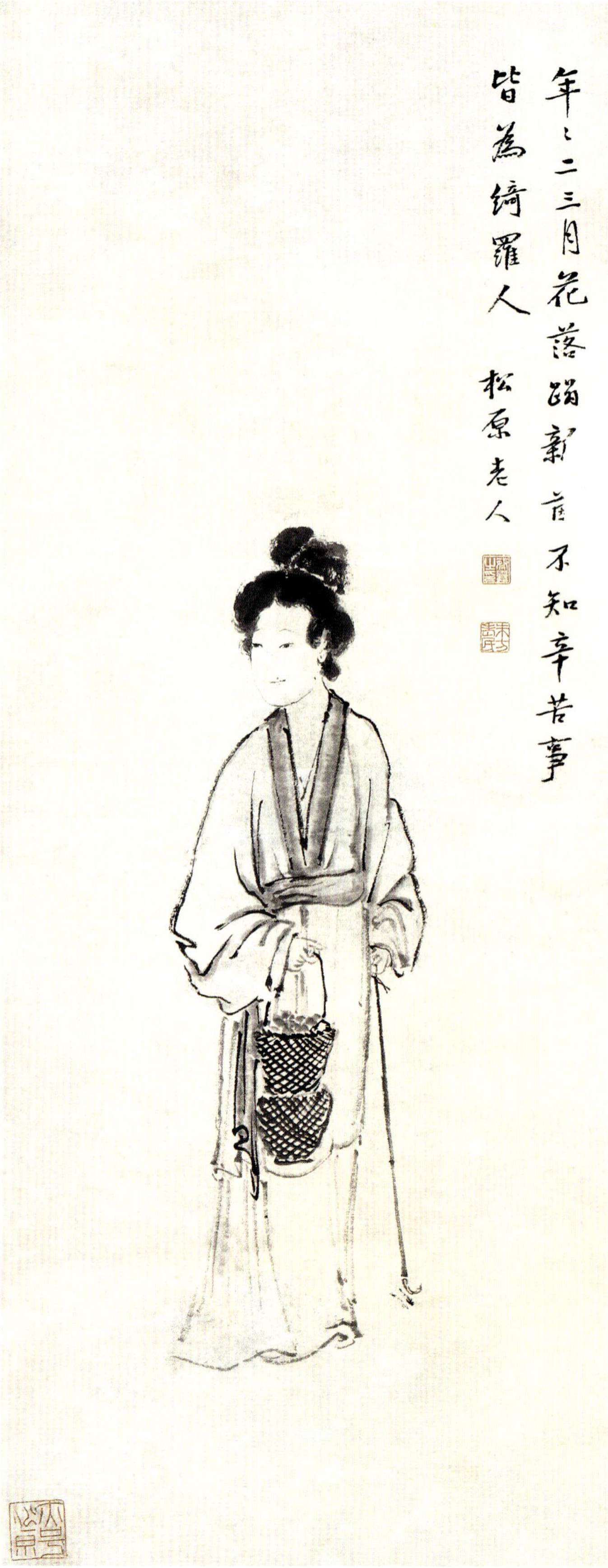

采桑图 清 蔡嘉

野雲萬事任風颭又到西泠十二橋楓
桥经霜红十丈美湖舍西碧双楼橈间
人合占名山福弹指驚看舊會皀喉有
銀瓶亭萋在且依清影試吹簫
文治

行书七律诗　清　王文治

**一亭晴雪图** 清 闵世昌

观音像　清　罗聘

骑驴过桥图　清　钱球

**看泉图** 清 钱莹

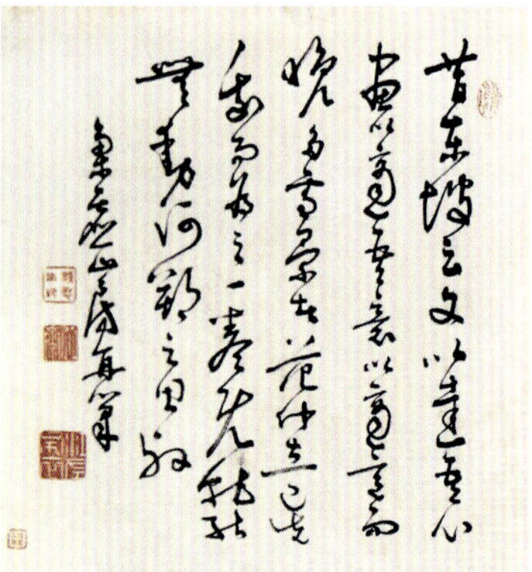

雪山行旅图　清　钱恕

嫩晴時節出南閭逸興先

將風而刪万樹梨桃眼吞

海十軍嘌哈尧成山間中舊夢

仍迢遞天外孤雲与雉還尤喜近郊

壇产好小橋流水綠成灣

自州城抵板山道中作釘于白衣禪院即岳

惟口上人正之 更生居士洪亮吉

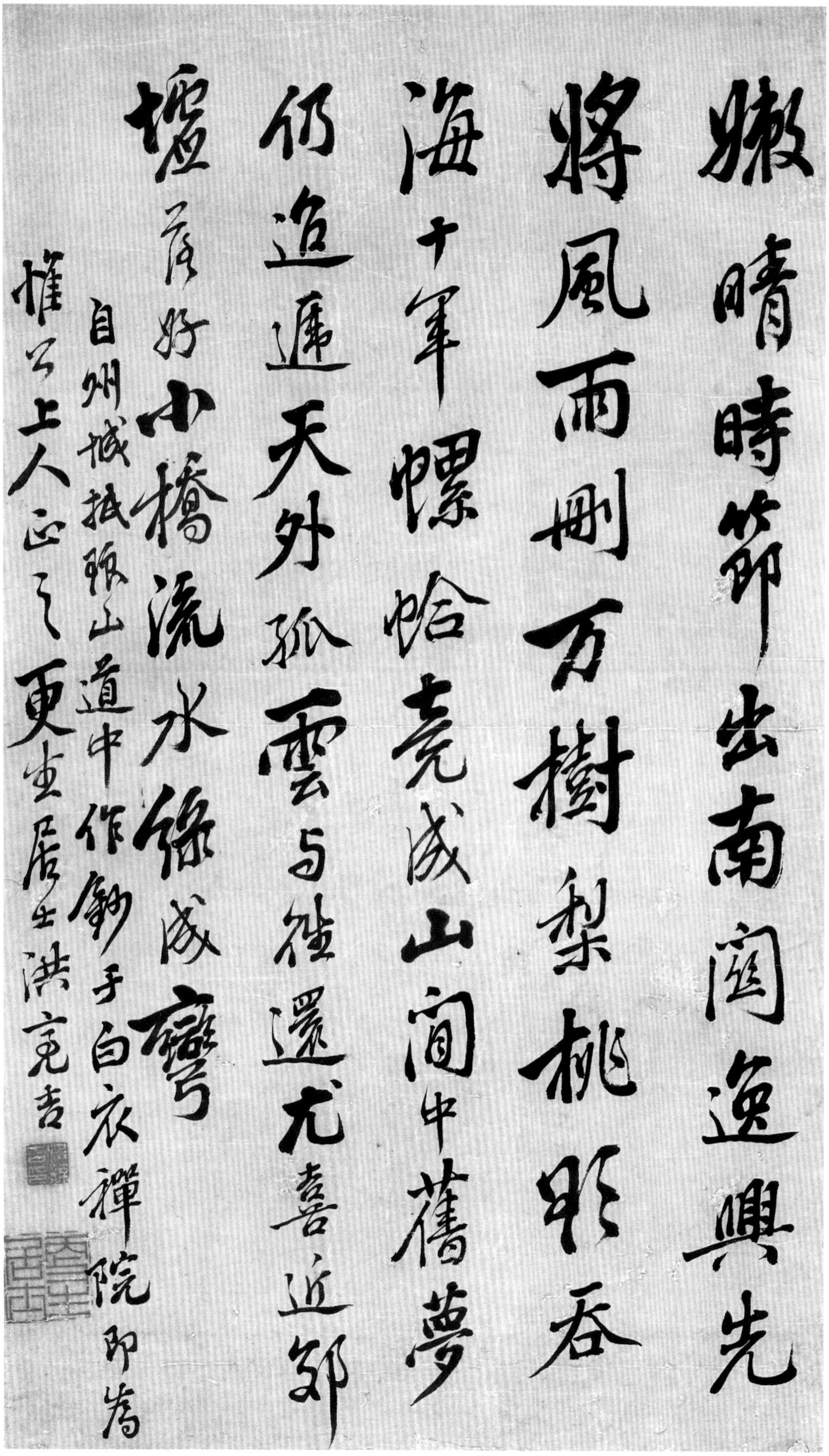

行书七律诗　清　洪亮吉

千手千眼無礙大悲心陀羅尼
南無喝囉怛那哆囉夜耶南無阿唎耶婆
盧羯帝爍鉢囉耶菩提薩哆婆耶摩訶薩
哆婆耶摩訶迦盧尼迦耶唵薩皤囉罰曳
數怛那怛寫南無悉吉利埵伊蒙阿唎耶
婆盧吉帝室佛囉楞馱婆南無那囉謹墀
醯唎摩訶皤哆沙咩薩婆阿他豆輸朋阿
逝孕薩婆薩哆那摩婆薩哆那摩婆伽摩
罰特豆怛姪他唵阿婆盧醯盧迦帝迦盧
帝夷醯唎摩訶菩提薩埵薩婆薩婆摩羅
摩羅摩醯摩醯唎馱孕俱盧俱盧羯懞度
羅度羅罰闍耶帝摩訶罰闍耶帝陀羅陀
羅地利尼室佛囉耶遮羅遮羅摩摩罰摩
囉穆帝囇伊醯伊醯室那室那阿囉嗲佛
囉舍利罰沙罰嗲佛囉舍耶呼嚧呼嚧摩
囉呼嚧呼嚧醯利娑囉娑囉悉利悉利蘇
嚧蘇嚧菩提夜菩提夜菩馱夜菩馱夜彌
帝利夜那囉謹墀地利瑟尼那波夜摩那
娑婆訶悉陀夜娑婆訶摩訶悉陀夜娑婆
訶悉陀喻藝室皤囉耶娑婆訶那囉謹墀
娑婆訶摩囉那囉娑婆訶悉囉僧阿穆佉
耶娑婆訶娑婆摩訶阿悉陀夜娑婆訶者
吉囉阿悉陀夜娑婆訶波陀摩羯悉哆夜
娑婆訶那囉謹墀皤伽囉耶娑婆訶摩婆
利勝羯羅夜娑婆訶南無喝囉怛那哆囉
夜耶南無阿唎耶婆盧吉帝爍皤囉夜娑
婆訶唵悉殿都漫哆囉跋陀耶娑婆訶
旃蒙大淵獻仁和弟子周易齋沐敬書
嘉慶乙亥二月歙邑弟子項醇齋沐敬寫
仁和弟子胡雯章敬奉
辨利禪院

**千手观音像** 清 项醇

隔水浸根冷墨烟踪蘸清华

客醉晚田夫宴主溜泊美人在

清卖小章子真漠在李敦谟漫画

荷花图　清　李敦谟

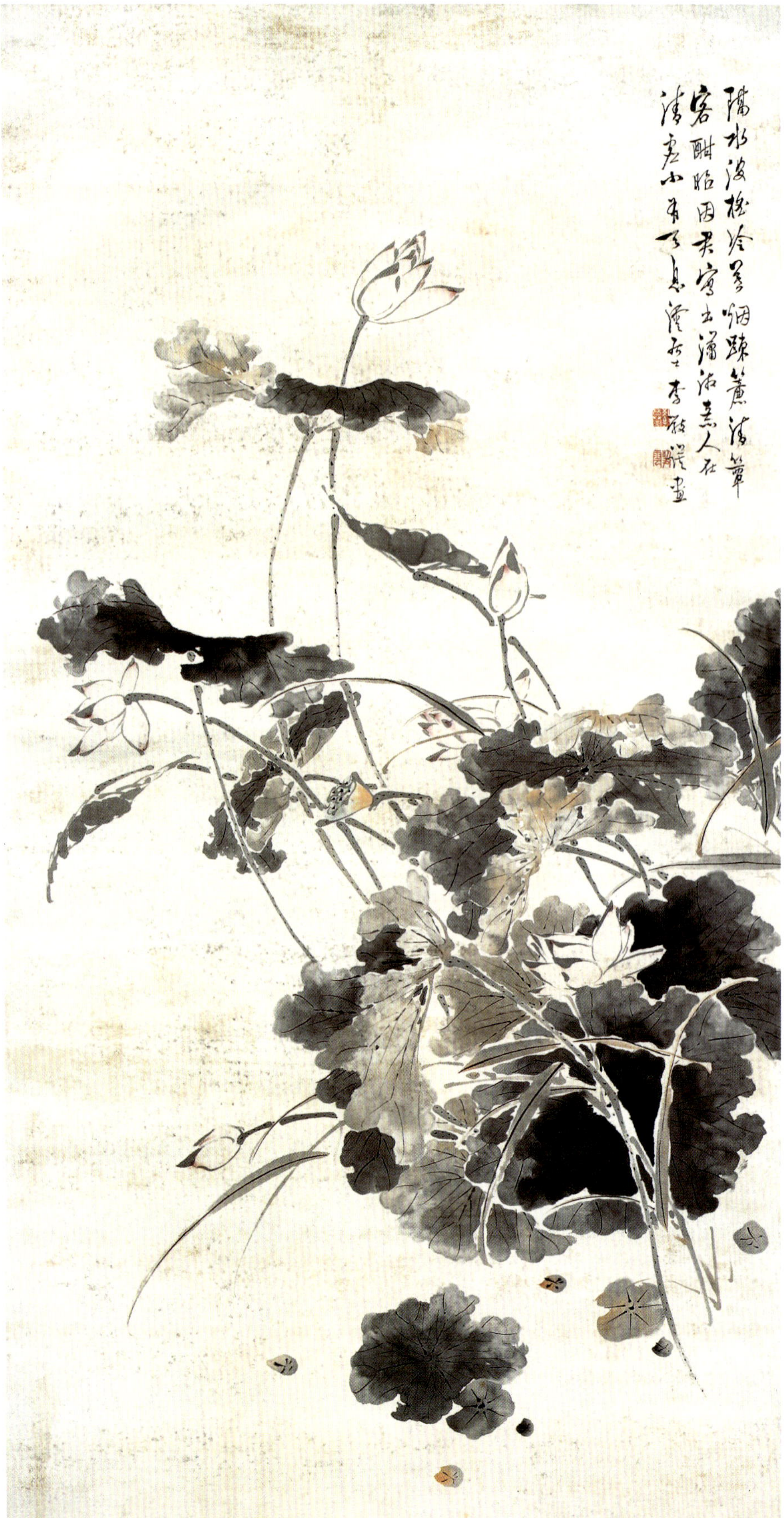

东山丝竹图　清　任颐

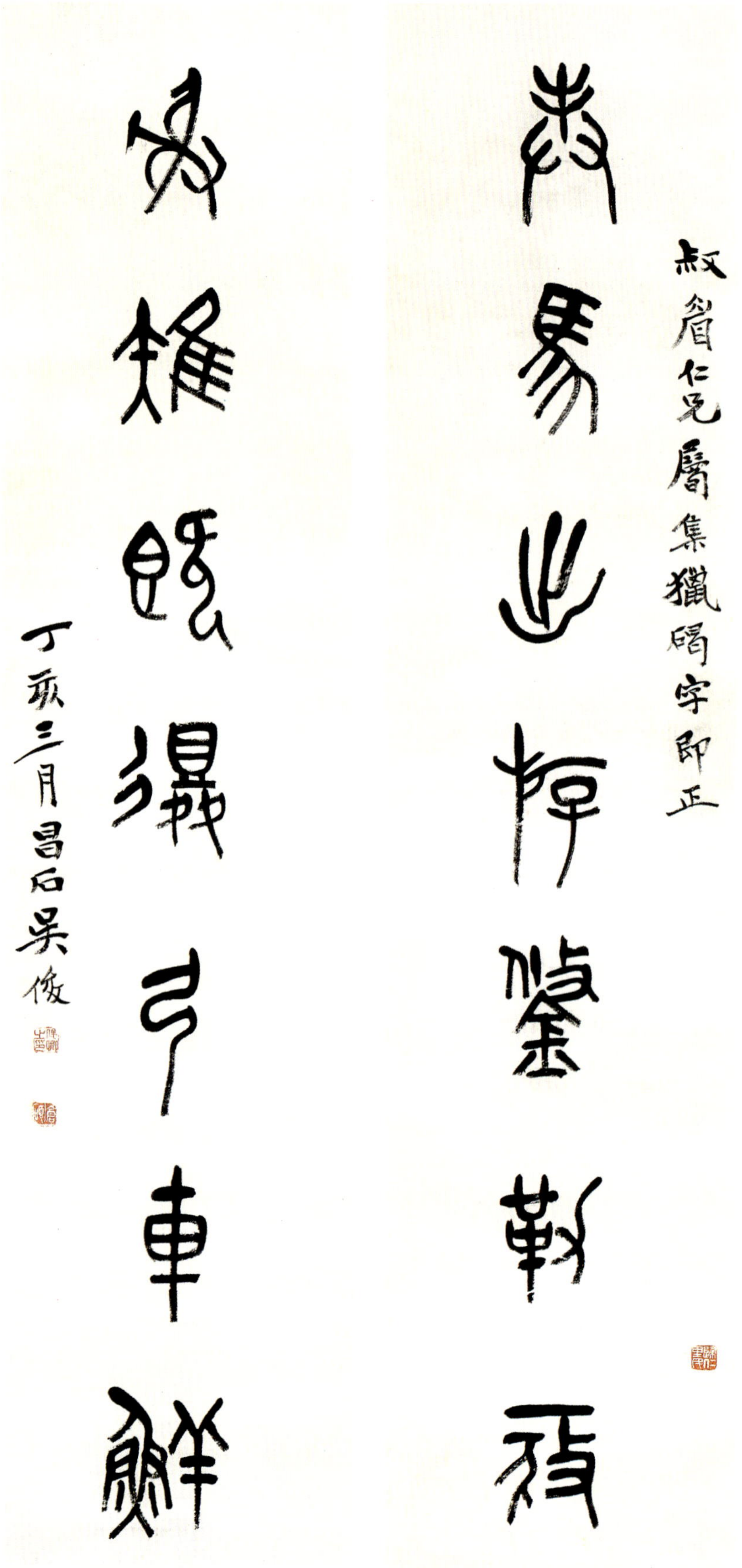


**集石鼓七言联** 清 吴昌硕

**松荫论道图** 清 倪田

行楷六言联　近代　韩国钧

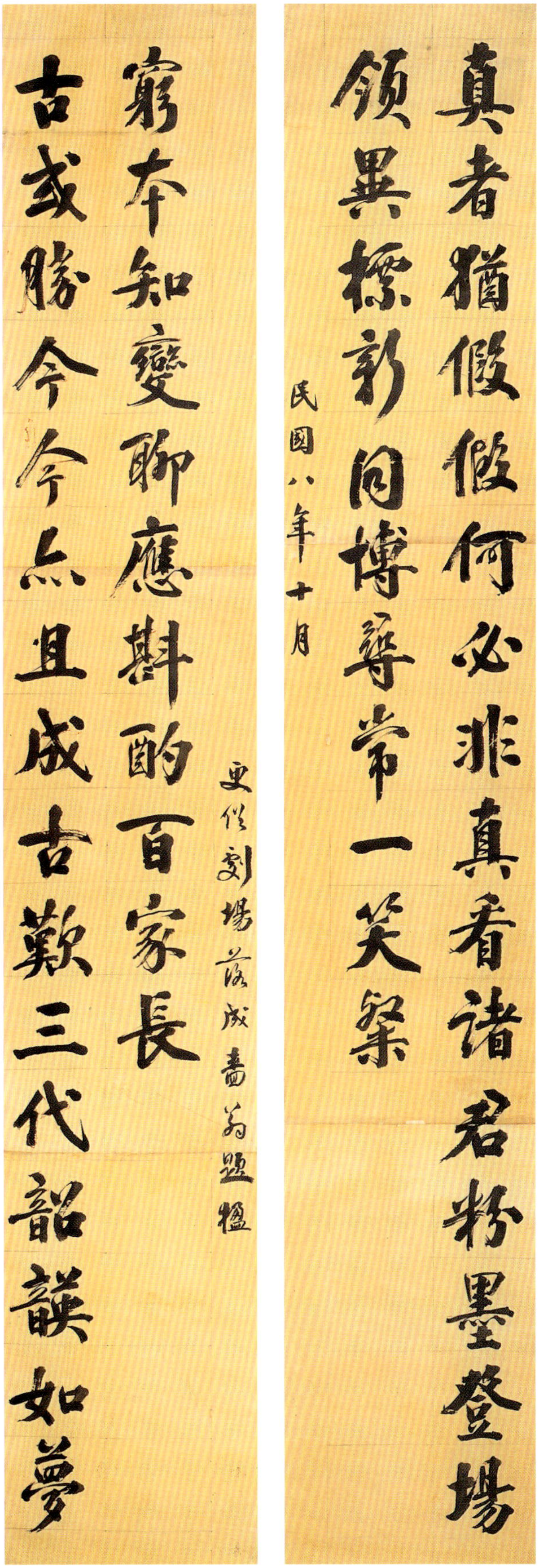

行楷更俗剧场联　近代　张謇

歲在涒灘月正元日佛弟子顧麟士敬寫
大士象供奉琅山觀音院惟願
先妣朱太夫人超登極樂早見
如來一切天人咸證斯果

**观音像** 近代 顾麟士

**芭蕉竹菊图** 近代 陈衡恪

# 图版说明

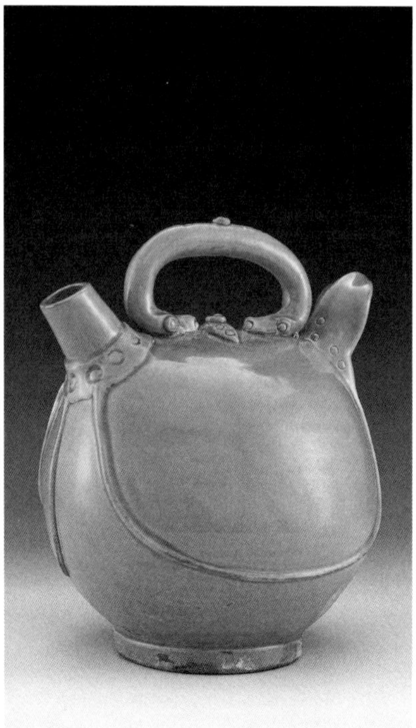

# 上 篇

**玉琮** 新石器时代

高5、宽8、孔径6.1厘米

1976年南通市海安县青墩遗址出土。此玉琮以碧玉制成，色泽莹润，绿中隐现乳黄，灰白色斑纹。呈内圆外方的柱形状，单节，上下口部分稍微凸出，四面的中间均磨出一条宽而直浅的槽，槽的两边有两组平行弦纹和两个对称的圆圈纹，组成简化的人兽面纹。青墩遗址的发现，将南通的历史向上推到4000—5300年。（葛莉）

P3

**玉璧** 新石器时代

直径17.7、孔径4.4、厚1.2厘米

1976年南通市海安县青墩遗址出土。此玉璧以碧玉制成，绿中隐现黄灰色斑纹。呈扁平圆形，器壁厚重，中间对钻圆孔，孔壁有隔棱，器面光素无纹，见切割槽痕。（葛莉）

P4

**嵌绿松石兽面纹戈** 商

长40厘米

1958年上海文物仓库拨交。戈是商周兵器中最常见的一种，古称钩兵，是用于钩杀的兵器。其长度根据攻守的需要而不同，所谓“攻国之兵欲短，守国之兵欲长。”这件戈的援宽大而刃长，锋较尖，末端正背两面皆以绿松石镶嵌兽面纹；胡垂直，且短；内呈弧形，上有一圆穿，末端正背两面皆浅刻兽面纹。（赵翀）

P5

**弩机** 三国·吴

高11.2厘米

张謇捐赠，博物苑早期藏品。弩机是装置在弓弩的木臂后部的铜制机械。构件包括：机身“郭”，钩弦的“牙”，郭上的瞄准器“望山”，郭下的板机“悬刀”。扳动悬刀，牙向下缩，所钩住的弦弹出，箭就被发射出去。弩机最早见于战国，盛行于汉晋。此机身上刻“赤乌八年八月尚左”。“赤乌”为三国时东吴年号，赤乌五年为公元242年，距今已有1700多年。1914年编印的《南通博物苑品目》历史部金类记载“吴赤乌弩机，兵器，真品，馆列。按与西清古鉴第一图同式，是器有铭文年号可考。”（赵翀）

P5

P6

**化生佛造像碑**　唐·长安四年

高30.4厘米

叶裕甫捐赠，博物苑早期藏品。此尊造像碑，整体雕为一龛，龛中雕一佛二菩萨。中间的化生佛，身着敞领袈裟，面容丰满，神态安详庄重，结跏趺坐于莲花座上，左手施禅定印，右手施降魔印。佛的左右为二胁侍菩萨，分立于同茎相连的莲蓬之上，姿态自然随和。在佛像的下方还雕刻了四位供养人的形象，他们左右列坐，仿佛正在虔诚地聆听讲经说法。在龛下长方形的台座上面刻有文字题记，阐明了造像时间为唐长安四年（704年）。全龛雕像稳重端庄，通体原施有彩绘，现有部分剥落。其表现手法和雕刻技法体现了唐代雕塑流畅、圆润的时代特征。（葛云莉）

P7

**黑釉剔花牡丹纹罐**　西夏

高30.2、口径15.8、底径16.6厘米

此罐短颈鼓腹，胫部渐收，低圈足。通体施微泛褐色的黑釉，罐身布满剔刻的缠枝牡丹纹。器身釉质光润，构图清新饱满，花朵和叶片配置和谐，富有生气；剔花技法纯熟，乌亮的黑花与剔出的浅黄色胎体形成鲜明对比，呈浅浮雕的效果。此器于雍容大度中又呈现几许豪爽与粗犷，是一件融合西夏民族特点与中原瓷文化的佳器。（陆琴）

P8

**越窑青釉皮囊式壶**　晚唐—五代

通高20.4、最大腹围50、腹侧宽15.3、底径9厘米

1973年出土于南通市区人防工地。壶身左右两侧和腹部各有一条凸起线；流呈直管状，在其相对处为一翘起羽状尾，尾下有一小孔；提梁下端与壶体的连接处，做成相对的龙首形，并在提梁和壶身多处适当的位置压印了圆珠纹；壶为圈足，足墙较高，其内侧微外撇，底面施满釉，足端露胎处靠内侧边沿隐约可见支烧痕。胎质致密，呈浅灰色，器身通体施淡青绿色釉。整个器形浑圆饱满，具有浓郁的民族风格和明显的唐代器物的特征。其造型规整，流口、圈足棱角分明，流和提梁与壶体的衔接自然流畅，青翠的釉色光洁柔和，独特的风格加上巧妙的装饰，使整个器形显得雍容大度、简洁利落，结构上也十分科学合理，体现了越窑青瓷的较高水平。

皮囊式壶是我国北方游牧民族的日常用器，位于南方的越窑烧制出具有北方游牧民族风格的青瓷皮囊式壶，反映了当时各民族间的经济和文化交流，因而具有十分特殊的意义。（张炽康）

P9

**磁州窑白地铁锈花枕**　金

长43.5、高14.6、宽18.5厘米

此枕胎质紧致，器形敦实。各面均用菱形开光将纹饰表现出来。枕面为双狮戏球纹饰，前、后面分绘竹枝和牡丹花，两端绘莲花纹。此枕以色料绘图，再施黄白色釉；绘图笔法率性洒脱，画面具有浓郁的乡土气息。底印“张家造”铭款。（钱红）

**卵白釉暗花双耳扁瓶**　元

高 17.8、口径 3.2、底径 4.5 厘米

1966 年南通市如皋县丁埝出土。“卵白釉”于元代创烧，因釉色白中微青犹如鹅卵而得名，又因是元中央机构枢密院在景德镇定烧，器物铭有“枢密”字样，又称之为“枢府釉”瓷。此瓶直口，瓶身修长，颈部两侧各有一象鼻耳；胎体洁白、厚实，通体施失透状青白色乳浊釉，釉质细腻。腹部两面皆为模压的梅花纹，胫、足部为压印的如意云纹，若隐若现，相互映衬；高高的足端露胎线呈现出一圈窑红，足端平切，器身稳当。工整秀丽的纹饰与柔润的釉色和谐统一。（陆琴）

P10

**卵白釉四足熏炉**　元

通高 19.2 厘米

1966年南通市如皋县丁埝出土。此方形熏炉胎体洁白，通体施温润细腻的卵白釉，清雅宜人； 炉盖上塑有一只玩球的狮子作为盖纽，造型生动活泼，而镂空的绣球恰好成为出烟孔，设置巧妙；炉身颈部饰隐约可见的螭虎，腹部为模压的梅花纹；双半錾简洁大方，兽首形四足坚定有力。此熏炉器形规整庄重，釉质纯正润泽，纹饰布局疏朗，清新典雅，细腻恬静。（陆琴）

P11

**龙泉窑刻花缠枝牡丹纹瓶**　元

底径 15 .7、口径 12.7、腹径 26.7、高 51 厘米

1966 年南通市马坤墓出土。此瓶圆口，鼓腹，圈足。胎质坚实粗厚，胎色白中带灰。器身釉质肥厚滋润，釉色粉青偏黄。肩部刻划朵云纹，腹部为缠枝牡丹纹，胫部为瓜棱形纹样。此瓶器形高大、敦实，具有庄重、朴实的美感。（赵翀）

P12

**磁州窑系人物故事花卉纹大罐**　元末明初

通高 30.5、口径 19.3、底径 15.2 厘米

1977 年购于南通市文物商店。此罐形体硕大，唇口，短颈，圆肩，鼓腹，砂底，腹中部以下内收直至胫部，浅圈足微外撇，足壁较宽，底面现旋坯纹。除底足外，周身米黄色釉施红绿彩。其红彩发色如枣，绿彩翠嫩。口沿和内壁满施黑釉。整个罐体用红、黑线条分隔成四层，每层之间均为不同的图案。肩部为缠枝花卉及卷草纹饰各一圈，胫部为变体莲瓣围绕。腹部三面开光，分别绘彭祖焚香、张骞乘槎、折枝牡丹图案。绘画运笔粗犷，自然流畅，具有浓郁的民间绘画风格。（任苏文）

P13

**玉带牌**　明

1953 年南通市永兴乡明墓出土。此玉带牌（俗称带板）由白玉制成，玉质润泽，质地良好，共计 15 块。圭形铊尾 2 块，大长方形銙5块，桃形銙6块，小

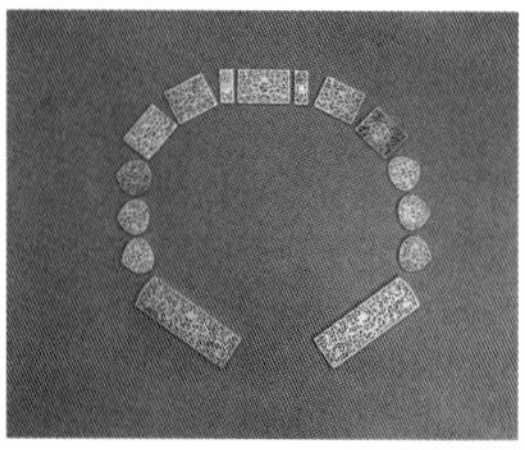
P14

长方形銙2块，均双面透雕。每块玉銙上均透雕龙穿莲花，雕龙身形细长，四爪，平点眼，嘴张开，上唇肉钩，腾穿于花鸟间。圭形铊尾上菱形开光中雕龙，龙的两边各雕一对如意，在菱形开光的左右上角雕有一对小龙凤，左龙右凤，菱形开光的左右下角雕有莲花；大长方形銙上菱形开光中雕龙，在菱形开光的左右上角雕有一对小龙凤，菱形开光的左右下角雕有莲花；桃形銙只是菱形开光内雕龙；小长方形銙菱形开光内各雕“福”、“祯”字。此玉带牌形制分明、肃穆井然；碾治技法快利，工艺精湛；构图亦舒卷有变，富有韵致。（钱红）

P15

**铸铜天后坐像** 明

通高180厘米

20世纪50年代于民间征集。天后，即妈祖，又称天妃、天上圣母等。史载妈祖姓林，名默，福建莆田人，生于北宋太祖建隆元年（960年）。她自幼熟习水性，曾在风浪中抢救遇险的渔民，还经常为老百姓行医看病，深受群众爱戴。相传雍熙四年（987年）九月升天为神，成为中华民族，特别是海峡两岸人民共同信奉的海神。我国沿海各地都有祭祀妈祖的习俗，南通也不例外，历史上曾建有天后宫。这尊铜像仪态端庄，肩披霞帔，身着蟒袍，胸前饰以凤纹，左右两袖分别是日月山川，膝盖处有两柄象征权力的斧钺，通体似透析出无边的法力。铜像铸造精美，衣褶线条自然流畅，袍服下摆可见璎珞纹，颇具元代遗风，其体量之大亦为世所罕见，十分珍贵。（张炽康）

P16

**德化窑白釉暗花筒式三足炉** 明

高9.2、口径12厘米

此炉造型模仿铜质炉，唇口宽厚丰满。器身外壁饰以三道凸起的弦纹，弦纹线条刚劲有力，在一、二道弦纹之间，饰有釉下印花的回纹、夔龙纹，自然流畅。炉身下设如意形三足，底部有一圈匣钵砂痕迹。所选瓷料极为讲究，故胎体致密坚硬，胎质细腻光洁。釉面纯净滋润，光润明亮，釉色则白中微微闪黄，犹如凝脂，带有一种象牙质地的温润感。胎釉结合非常紧密，浑然一体。此件三足炉，制作精细，素净淡雅，稳重大方，为德化窑的上乘之品。（陆琴）

P17

**铜板圣旨** 明

通高35.5厘米

1958年张柔武女士捐赠，张謇旧藏。该铜板圣旨整体造型为赑屃趺碑。底座赑屃龇牙咧嘴、虎眼圆瞪、鹿角前耸，吃力地昂首向前，四腿半曲，四爪张开，拼命地撑着地，龟背上驮一碑，尾鳍因重压而无奈地上翘。碑额阳、背两面各有二条蟠龙攀爬额顶，曲身向下作“二龙戏珠”状。碑背素面无字，碑额阳面正中铸有“圣旨”二字，碑身铸圣旨，全文为“皇考大圣之德，当享乐之运，受上天之承命，正中夏之文明，开子孙万世之基业，赤字棣恭承鸿业，夙兴夜寐，效显扬德。惟永乐元年六月戊午合成之斛本册，宝上尊儒，臣恭修皇考，稽古创行勒石。”由此可知，铜板圣旨为明成祖永乐元年（1403年）

皇帝朱棣为光大儒学而颁布铸造。该器造型敦厚、古朴威严，铸造精致，铭文苍劲秀美。（陈玲）

**甜白釉暗花云龙纹盘** 明·永乐

通高5.6、口径24.5、底径14.4厘米

1964年购于南通市文物商店。永乐“甜白釉”是明代极负盛名的白釉瓷，其釉质洁白，温润似玉，肥厚如脂，色调恬静柔润，文献赞为“白如凝脂，素犹积雪”，给人以一种“甜”的感觉，因而被称为“甜白”，它的渊源可上朔到元代著名的枢府釉。这件甜白釉暗花云龙纹盘胎体细腻轻薄，圈足规整矮浅，露胎处可见火石红斑，底心满釉外凸，釉面光洁匀净，在内心装饰有若隐若现的云龙图案，更为素白的器表增添了神秘的美感。（张炽康）

P18

**青花一束莲纹大盘** 明·宣德

高6.8、口径38、底径28.6厘米

购于南通市古玩商店。此盘敞口，圆腹，圈足，细砂底呈火石红色。盘口沿面饰一圈卷枝蔓草纹，盘壁绘缠枝西番莲纹，盘内底面绘一束莲花图案。此盘胎重体大，形制规整，整个纹饰布局层次清晰，主题鲜明。所绘花卉笔法优美流畅，因使用苏泥勃青料而产生自然晕散，使线条柔和绵软，富有质感。特别是盘心所绘的一束莲花，别具清淡高雅之韵味。在白胎的映衬下，罩于釉下的青花色泽浓艳，局部有铁锈斑疵。这种豪放潇洒、疏密有致的装饰风格充分显示出明初青花艺术的特色。（葛云莉）

P18

**德化窑白釉观音坐像** 明

通高21.5厘米

1964年购于南通市文物商店。此尊观音结半跏趺坐于山石之上，左手藏于衣裙，素洁的长衣广袖垂拂于盘曲的左腿之上；右腿竖曲，赤裸的右足由衣裙下半露出来，右手随意地放在竖起的右腿膝上，姿态自然悠闲。其头挽高髻，面容清秀，直鼻小口，双目微合，慈祥端庄。此像胎质呈半透明的猪油白，釉色呈牙白色，如凝脂般滋润柔滑；雕塑手法娴熟，衣纹疏朗流畅，观音形神兼备，其内在的气质、外在的秀美、精湛的工艺有机融合，是明德化窑白瓷塑像中上乘之作。（任苏文）

P19

**仿哥釉梅瓶** 明·宣德

通高32.1、口径5.5、底径11.7厘米

哥窑器釉面布满称为“开片”的龟裂纹片，别具古朴、自然的天趣，为哥窑瓷器的突出特征。此瓶的造型沿袭元代梅瓶丰肩、修长、挺拔的特点，而在瓶的肩部和足部较宋代梅瓶略为放宽，以利更稳妥地摆放，但总体比例仍不失匀称。瓶身为两段拼合烧造，接缝明显。通体施釉，釉质肥润，布满细碎开片。

P20

圈足，糙底无釉，呈火石红斑点。此瓶为明永乐年间景德镇窑所烧造，总体淳厚朴实，各部比例得当，整体谐调，浑然一体，十分珍贵。(张炽康)

P21

**青花松竹梅纹梅瓶**　明

高21.5、口径4.3、底径5.7厘米

1982年购于南通市文物商店。此梅瓶小口，短颈，丰肩，肩下渐收，平底。通体绘青花纹饰，肩部绘缠枝牡丹花纹，器腹绘松、竹、梅“岁寒三友”，足部绘上仰蕉叶纹，素底无釉。此瓶造型端庄秀丽，画面纹饰格调高雅，层次清晰，青花色料蓝中泛灰，色调既不同于宣德的浓重晕散，又不似成化时期的纤细淡雅，是明代“空白期”的典型器物。(葛云莉)

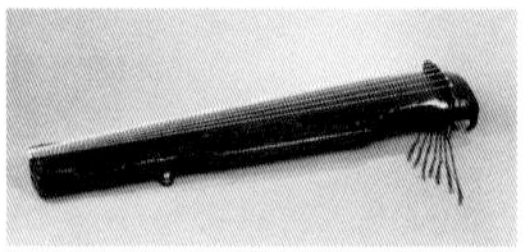
P22

**大还阁款“沧海龙吟”古琴**　明

全长120.5，肩、额宽20，尾宽14，厚5.3厘米

博物苑早期藏品。此琴为凤势式，黑色。琴的面板由梧桐木制成，底板为梓木，岳山、焦尾皆为红木制成，无音柱。以蚌片制成十三徽，生漆鹿角霜灰胎。琴面布满细碎冰裂断纹，而首部、底板则呈现蛇腹状断纹。此琴的龙池和凤沼为不规则长方形、方形出音孔，纳音微微隆起。在龙池的上方则镌刻有此琴的名称“凤琴”，琴腹内刻有楷书“大唐开元三年清合雷制”托款。此为明人仿制唐代雷氏琴，整张琴制作精良，形状古朴，断纹十分精美，保存也很完整，且音色古雅松透，余韵清澈悠长。(陆琴)

P23

**青花人物花鸟纹果盒**　明·万历

通高12.7、长径22.6、短径21.5、底径16厘米

1973年购于南通市文物商店。此果盒略呈椭圆，造型浑圆敦厚，形体较大，足径较阔，圈足滚圆，从底足的露胎处可见瓷土较白，已不见明显的火石红现象，但工艺略显粗糙，底心微下塌，有轻微窑裂。器身纹饰布局繁密，周边绘以如意云开光花鸟纹，口沿为锦地杂宝边饰，盒盖中心的主题画面是三国故事“张松献蜀图”。此件青花发色浓艳，蓝中泛紫，显得幽雅深翠。盒底楷书“大明万历年制”六字双行款，书风硬瘦倜傥，刚劲有力，颇具宫廷用器的风范，曾被专家鉴定为明万历早期“官搭民烧”的器物。(张炽康)

P24

**金丝发罩**　明

通高11.5、最大口径12.5厘米，重54.25克

1956年南通市西郊钱嵘墓出土。发罩由圈、檐、盖三部分组成。圈用直径1.7毫米的金丝环状相连，两圈之间用极细金丝编结成网状，网孔径1毫米，檐宽2厘米，檐前后左右各有一径3毫米的小圆孔。盖平面呈椭圆形，以金丝前后连成半圆形瓜棱状盖顶；双塔形饰片作发罩前饰，饰片中用极细金丝编结成网状连接，盖、檐之间用多道细金丝固定。整个金丝发罩均用极细金丝编结成网状，排列有序，大小匀称紧密，结构合理，薄如蝉翼，工艺精

致。墓主钱嵘，字君望，嘉靖十一年进士，历抚州永平推官、浙江道御史等职。(陈玲)

**陈鸣远款碗** 明末清初

高约20、口径约8厘米

1962年购于南通市文物商店。这组陈鸣远款碗共有五件：紫砂墩式碗、红砂墩式碗、黄砂撇口碗、白砂撇口碗、青砂折沿碗。墩式碗，口部垂直，圆腹厚足，敦笃端庄，堆贴的八宝纹、香草螭虎龙，活灵活现，传神自然；撇口碗，口部外撇，腹部渐渐下收，典雅大方，雕刻的岁寒三友苍劲挺拔，仰莲纹庄重秀美；折沿碗，口沿外折，斜腹圈足，轻巧俊秀，作为主体纹饰的海八怪，亦用堆贴工艺，栩栩如生。碗底分别刻有刚劲有力的行楷款："戬堂丙子初夏鸣远作"、"戬堂戏作可发一笑寉村"、"丙子立夏前二日寉村制于戬堂"、"戬堂制时丙子四月望后二日也 远"、"戬堂寉村"，名款"陈鸣远"、"石霞山人"。该组碗制作工艺精细，大口大足，敦重古拙，是紫砂日用器皿之精品。(陆琴)

P25

**嵌银丝透雕八仙紫檀笔筒** 明

通高17.8、口径13厘米

1983年购于南通市文物商店。呈圆筒形，口底相若。器口切面和器体口沿分别用银丝嵌一圈回纹和变形卷草纹为饰。筒身以八仙人物作主题纹饰，在群山环抱，松柏苍翠，幽涧流泉之雅境中，八仙笑容可掬，须发飘逸，身着宽衣长袖，各执宝物，或闲谈、或观景、或修炼、或吹笛欢舞，情趣不一，清静逍遥，表现出八仙畅游山野、陶然世外的超逸欢愉的情景。拼接底座，底座外壁制成凸出的圆弧，并满雕三条首尾相接的龙，器底承以三足，器底面浅刻竹纹图案，中心浮雕圆形宝相花。

该器以名贵的紫檀木雕琢而成，筒体包浆完整，紫黑透亮，古朴稳重。刀法以线刻、浅浮雕、深刻和透雕为主，雄劲老辣，功力深厚。画面气脉贯通，表现出作者精练与娴熟的功底。雕刻与绘画相结合的技艺，是明代末期木雕笔筒的突出特点。(陈玲)

P26

**露香园顾绣董其昌行书节录昼锦堂记** 明

纵239、横49厘米

博物苑早期藏品。此堂绣屏共12幅，绣制于清康熙六年(1667年)。露香园顾绣始于明代，又称"顾绣"。明朝嘉靖年间，进士顾名世在上海筑一林园居住，取名"露香园"。顾氏家庭女眷擅长以画入绣，摹绣古今名画尤为神妙，风格清雅、气韵生动，有"画绣"之誉，为文人所宝重。董其昌(1555—1636年)，字玄宰，号思白，华亭(今上海松江)人。明万历十六年(1588年)进士，著名书画家。

昼锦堂是北宋仁宗时宰相韩琦的别墅，欧阳修曾为撰《昼锦堂记》。董其昌曾作《昼锦堂图》长卷，并将《昼锦堂记》以行书录于卷后。此屏即以董其昌

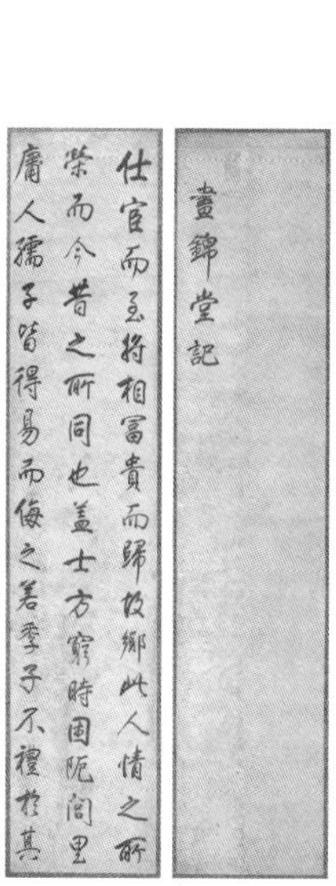
晝錦堂記
仕宦而至將相富貴而歸故鄉此人情之所
榮而今昔之所同也蓋士方窮時困阨閭里
庸人孺子皆得易而侮之若季子不禮於其

P27

此书为稿，白缎为地，蓝色绒绣，文、书、绣融为一体，极为精美。绣幅针法严谨细腻，不仅完美表现了董其昌的书法风格，也体现了顾绣技艺高超的驾驭能力和艺术魅力。此屏为张謇于1910年在南洋劝业会购得并入藏博物苑。（刘江燕）

P30

**雪花蓝地描金花卉提梁壶**　清·康熙

通高14.5厘米

1961年购于南通市文物商店。此壶呈圆形，短颈，半肩，腹部渐敛，平底，底面无釉和款。双肩上有一虹桥形提梁，其微曲长的壶流从腹部伸出与壶口平齐，圆平盖，盖上有一桥形纽，纽上部制成齿状。通体施雪花蓝釉，盖沿至纽中心和器颈分饰一圈金彩“万”字纹和如意云纹，外壁腹部饰金彩菊花纹，金彩浓重、光亮，菊花盛开，花叶舒展。画面构图疏朗秀丽，线条流畅圆润、清晰明快，风格自然、潇洒。该器造型小巧、端庄，胎体细润坚致，胎釉结合致密；釉面如雪花飘洒在蓝地上溶渗了一般的水渍样白斑片满布而均匀，细腻莹润。在这种雪花蓝釉的底色上施以金彩，对比强烈，更加显出金彩的光亮，使之显得雍容、富丽。(陈玲)

P31

**青花花卉纹茶盅**　清·康熙

通高6.4、口径11.8、底径5.4厘米

1961年购于南通文物商店。此盅撇口，深腹，矮圈足。胎轻体薄，胎质细腻，釉面细润洁白。盅底绘青花，外壁以“没骨法”绘荷花、荷叶、蜻蜓、山石。足底青花双圈内书“大明成化年制”三行六字楷书款。此茶盅所饰青花纹饰浓淡相宜，纹饰构图疏密有致，极富装饰性、实用性，为清康熙时仿成化款瓷器的精品。（赵翀）

P32

**霁红釉太极洗**　清·康熙

高6.9、口径15.6、底径9.1厘米

1962年购于南通市文物商店。此笔洗器身凝重，釉色暗红，深沉、浓艳；造型也较为鲜见，在墩式碗内以太极形图案分隔为二，使其更具有实用性与观赏性；口沿及太极形沿边有浅白色灯草边。此为康熙红釉器中的精品。（陈金屏）

P33

**白地粉彩云蝠纹碗**　清·雍正

高6、口径15、底径6厘米

1964年购于南通市文物商店。撇口，弧腹，圈足，碗底面中心有青花双圈内楷书“大清雍正年制”六字二行青花款。通体施白釉，釉面温润细腻，碗中心绘红蝠和双桃子，寓意“福寿双全”。碗外壁，绘形态各异的淡绿色如意云头纹，数只被点染成红、黄、绿色的蝙蝠，展翅翻飞嬉戏其间。画工所追求的不是形似的刻画，而是物象神情的摄取，具有浓厚的浪漫主义色彩，表现出人们对幸福的祝愿和祈盼。其主题以传统的“洪福齐天”为题材，创造性地加入了

黄、绿蝙蝠，在增加观赏效果的同时，又为该吉祥图案赋予了更深的内涵。

该器造型规整，比例协调，线条流畅优美，胎薄体轻；画面凝炼、清丽，釉彩发色纯正，绘工精细纤柔，清雅至极。（陈玲）

**黄地珐琅彩花卉碗**　清·乾隆

通高6.3、口径15.2、底径5.8厘米

1964年购于南通市文物商店。撇口，弧腹，圈足，碗底面中心有青花双线方框内楷书“大清乾隆年制”六字三行款。内壁施白釉，釉面细润，碗心绘铁红五蝠纹。外壁黄地上绘珐琅彩花卉纹，四朵大花周围布有各色小花朵，空地用洋叶相连，枝繁叶茂，错落有致，婀娜多姿，充满生机。此碗造型规整，胎体厚薄适中；釉面匀净润泽，釉彩玻璃质感强，如胶似漆，黄底色鲜明浓艳；画面绘工精细，繁密而有条不紊，色阶繁多而柔和，层次清晰，立体感强。（陈玲）

P34

**粉彩玉兰花形杯**　清·乾隆

通高5.2、口径7.1厘米

1963年购于南通市文物商店。此杯以绽放的玉兰花瓣为杯身，淡雅的绿色衬托出杯身的莹润素洁，使得釉面白中透绿、娇颜欲滴，底部衬以花枝和花蕾构成杯足，浑然天成、恰到好处，杯沿细描金线，尤显华贵，整体造型精巧玲珑，令人爱不释手。杯底书“乾隆年制”铁线篆书四字两行青花款。（张炽康）

P35

**霁蓝釉双耳扁壶**　清·乾隆

通高30.5、口径3.5、底长径8.4、短径6.5厘米

1963年购于南通市文物商店。此壶是由明初的扁腹绶带葫芦瓶变化而来，其装饰风格深受中亚文化的影响，造型美观别致，为人们所喜爱，因瓶腹似圆月又被称作“宝月瓶”。此瓶造型规整，比例适宜，以双龙耳取代绶带，更显精致典雅，通体施蓝釉，色调沉着。底部无款，是民窑瓷器中的精品。（张炽康）

P36

**青花折枝花纹六方尊**　清·乾隆

通高68厘米

1982年购于南通市文物商店。此尊，六角形喇叭口，长颈，圈足。颈部六角边上下呼应绘有倒悬的蝙蝠，肩部一圈回纹，一圈如意云纹，腹部六面绘有折枝石榴、菊花、灵芝、牡丹、桃子等花卉，六种折枝花下部均衬灵芝纹。深圈足，圈足上部及器物底部绘有一圈回纹。整个器形形制庄重大方，造型高大，浑厚端庄，朴茂中隐含秀俊，给人以素雅的美感。青花发色浓艳，绘画精细，花纹繁而不俗，各种纹饰搭配协调、疏密相间，上下呼应，给人以优雅匀称的美感。底为六字三行的“大清乾隆年制”篆书款。此尊为乾隆官窑精品。（钱红）

P37

P38

**青花缠枝莲花纹吊灯**　清 · 乾隆

灯：高14.1、口径5、底径5.7厘米

座：高4.2、长径19.5、短径11.3厘米

博物苑早期藏品。此青花吊灯由瓷盘、瓷柱、瓷碗三部分组成。通体满饰缠枝莲花，色泽清雅、纹饰精细。此灯造型较为鲜见，在饰有芭蕉叶的灯柱中间还有一个瓷盘，最上面的瓷碗和灯柱连接处包裹着一圈铁皮；上中下三个瓷盘、瓷碗，犹如三朵盛开的莲花；最下面的瓷盘与灯柱可分可合，在底部的瓷盘上还钻有三个小洞，使之可以当吊灯来使用；灯下有一托盘，用于接灯灰。此灯尺度适宜，结构合理，造型生动，装饰典雅，使日用瓷品呈现出艺术的审美意境。（陆琴）

P39

**青花竹石芭蕉纹玉壶春瓶**　清 · 乾隆

通高28.5、口径8.4、底径11.9厘米

瓶撇口，长颈，圆腹下垂，圈足。颈部绘蕉叶纹，下绘卷草和变形如意头纹。腹部为主题纹饰：运用写实的手法描绘出一幅南国的庭院景致，图中两块玲珑的湖石挺拔俊秀，依石而立的翠竹枝头微低，似在随风摇曳，围栏内外一片郁郁葱葱的萱草、兰花竞相开放，呈现出一幅生机勃勃的景象，而四季常青的芭蕉叶又为画面平添了几分南国色彩。山石、翠竹、蕉叶、萱草、兰花构成了一幅寓意吉祥的“五瑞图”。近底处绘变形莲瓣，足外墙绘朵花纹。此瓶造型线条优美流畅，胎质纯净细腻，纹饰清晰生动。构图疏朗有致，青花色泽浓艳亮丽，深浅不一，富于层次感和立体感。底有青花篆书“大清乾隆年制”六字款。（赵翀）

P40

**子冈款渊明爱菊图玉牌**　清 · 乾隆

长5.5、宽3.7厘米

博物苑旧藏。此玉牌以新疆羊脂玉制成，玉色白莹、滋润，玉质精良、坚细。琢工采用双面浅浮雕，一面为“渊明爱菊图”，一面雕有隶书七绝诗句，镌刻阴文篆书“子”“冈”款，刻工精细。白玉牌上有翡翠桃蝠长方小饰件，及细小珍珠10粒。陆子冈为明中期治玉名师，碾玉技术相当全面，起凸阳纹、镂空透雕、阴线刻画都很奇妙，尤其擅长平面减地的技法，可使作品取得类似浅浮雕的艺术效果。此件虽为清乾隆时仿制，但雕刻深得子冈治玉神韵，亦为珍品。（钱红）

P41

**白玉空山野静图扳指**　清 · 乾隆

高2.9、口径2.1厘米

张謇捐赠，博物苑早期藏品。扳指，也称搬指，古人又称其为“韘”。古时作为一种拉扣弓弦的器具，套于拇指之上，以防拉弓射箭时勒伤手指。最晚在殷商时期出现，到清代演变为达官贵人们手中的一种装饰品。该扳指系用新疆产羊脂白玉制成，玉质莹润。器呈圆筒形，两端平齐、外周平滑。器身上有浅

刻浮雕“空山野静图”，刻工精细，图案虽布满其身，但布局合理，秀雅工整。有“金玉其相君子比德于玉　子冈”刻款。此件为清人仿制。（陆琴）

**雪渔款李方膺用石印**　清

印面长4.4、宽4.4、通高5.2厘米

李方膺（1695—1755年），字晴江，号虬仲，江苏南通人，清代“扬州八怪”之一，著名画家。此印为其所用。

此方印章为青田石章，方形，通体黝红，石章顶面为不规则形。印文以朱文篆刻“受孔子戒”四字，字体放纵；边款阴刻楷书体“辛未季秋作于雨华山之高坐寺白云堂为晴江词兄先生政社弟雪渔”，字体俊秀。据考，辛未年为公元1751年，此印为李方膺暮年使用。其印文方中寓圆，不露圭角，疏密均衡自然，具有苍浑凝重、朴茂苍秀的艺术风格。（胡小甜）

P42

**无款刺绣麻姑献寿图**　清中期

纵131.4、横69.5厘米

此绣以深蓝色绸缎为底料。麻姑身穿朱红色广袖衫，灰蓝色围裙、白色衬裙，披蓝色飘带，身背花篮，身后紧随一只梅花鹿。绣面针法丰富，使用了平针、齐针、必针、滚针、网格针等十多种。如麻姑面部与略显夸张的双手同时采用肉色花线平套，采用齐针绣眉、眼及嘴唇，线条排列疏密得当；眼珠选用滚针层层加绣，亲切自然，传神而不夸张；头发用双股线捻成线再钉绣；以散套针表现鹿毛的质感，更接近清中后期的苏绣精品风格。此麻姑献寿图继承了清初期顾绣的工整细致，又具清中后期刺绣艺术的灵活精致，装饰感强，主题鲜明，寄托了人们对于祈福、消灾、延年益寿的美好愿望。（张蕾）

P43

**青玉雕山子**　清·道光

高21.4厘米

博物苑早期藏品。此件以青玉雕成，山石叠嶂、巨石嶙峋；山脚苍松翠柏，间有亭台溪水；半山处有亭台一座，山道上有二老者举首翘望，其中一老者举手指向山顶，似向另一老者解读山顶诗文。山顶处刻有御题圣泉峰诗：“名字本相形，有贪斯有圣。泉自无分别，渫然寒且净。”背面雕有古松、小屋。此件玉山子为博物苑早期藏品。在1914年编制的《南通博物苑品目》美术部雕刻类中记载：“旧雕玉山，吕四彭吴女士赠，馆列。”此件玉山子曾作为艺术珍品陈列于早期博物苑的展厅中。（赵翀）

P44

**子玉款算盘**　清·道光—咸丰

长80、宽20.2、厚2.5厘米

四十九档算盘1963年由南通赵子观先生捐赠。此件算盘上二下五珠，用鸡

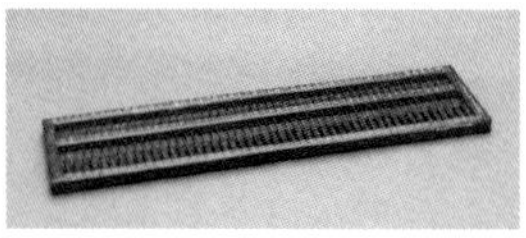
P45

翅木、红木、榉木制成，算珠以铜杆相穿连，并有背板衬托。中梁刻 “太极、太初、太始……不可思议、无量数、周复”，为各级计量单位；上边框刻“万、亿、十亿……百载、千载、万载”表各数之间的进位关系；下边框刻有一例合体数级单位；右边框则刻着作者署名款：“子玉学历记福海春长署斋”。博物苑还另存有一件同样质地、同署此款的二十五档算盘。

据考证，子玉即周懋琦，祖籍安徽，徙居南通，曾担任分巡台湾道、知府、兵备道兼理提督学政、资政大使等职，此件算盘是周子玉在福州向法国人石弗勒尔学算学时所制。（陆琴）

P46

**《金石索》书版** 清 · 道光

高 28、宽 44 厘米

1982 年冯树源、冯淑媛捐赠。《金石索》是一部收录上起商周，下讫宋元时期金石器物图像并附以考证文字的著作。由清代冯云鹏、冯云鹓兄弟合著，共十二卷。其中《金索》六卷，分为钟鼎、量度、杂器、泉刀、玺印、镜鉴等七类。《石索》六卷，分为碑碣、瓦砖等二类。冯云鹏、冯云鹓兄弟为南通人，分别为道光六年和嘉庆十三年进士，兄弟二人均善书法，工隶篆，精金石文，并喜欢搜集研究金石。《金石索》书版为木质雕刻板，保存了一百多年。这些书版正反两面均为刻版版面，共计 85 块。（凌振荣）

P47

**张謇用鸡血石章** 清

印面边长 1.1、通高 3.1 厘米

1983 年购于南通市文物商店。此方印章为张謇所用。鸡血石质地，通体密布血斑点，血色图案极为美丽。印章体形小巧，完整无缺，雕琢精细。印文内容为“臣謇”两字，采用朱文与白文相间的表现手法，别具一番韵味，具有赏心悦目之感。（胡小甜）

P48

**博物苑石额** 清 · 光绪

长 176、宽 38.4、厚 8 厘米

博物苑石额是博物苑初期建筑表门上的构件。表门为牌坊式，原建在苑东馆东南侧通往苑内的道路上，该石额就是牌坊的横额。石额的石质为大理石。正面阴刻张謇手书“博物苑”三个大字；背面也镌刻张謇题字，内容简述了建馆原因和性质，在何时、购买多少土地，何馆先落成，以及建苑宗旨。该石额已成为南通博物苑重要的苑史文物。（凌振荣）

P49

**葫芦式印香炉** 清

高 4.7、长 12.4 厘米

印香炉因其所燃香料以芸香为主，故亦称芸香炉。南通人丁月湖改进其造型、炉体，使“粗陋不可供幽赏”的印香炉成为精巧文玩。其炉盖常透雕成各种精美的文字或图案，最具特色的是一层铸有精美图案或文字的印香篆模，使燃烧后的香灰形成延绵不断的“香篆”图案。此件印香炉呈葫芦外形，以锻造紫铜、黄铜、白铜相间，分炉盖、燃烧、贮放、底座四层，配有压板、铲子和刮刀；炉盖透雕文字：“圆又不圆，方又不方，个中造化，规矩两忘。”底铸有“江苏南通月湖仿古王东林造”方式楷书款。

丁月湖（1829—1879），名韫沄，字月湖，通州石港镇人士，能书能画。其设计的印香炉造型十分丰富，炉盖和篆模图案也辑印为《印香炉图谱》广为流行。（金锋）

**沈寿绣蛤蜊图** 清

纵35、横28厘米

P50

1958年余学慈捐赠。沈寿（1874—1921年），江苏吴县人，初名雪芝，字雪君，别号天香阁主，晚号雪宧。著名刺绣艺术大师，曾出任清政府农工商部绣工科总教习，创办苏州同立绣校和天津自立女工传习所，应邀担任南通县立女工传习所所长、南通织绣局局长等职。她继承中国传统刺绣法则，融会西洋油画、摄影等美术中光影技法，革新刺绣艺术，创制“仿真绣”。把苏绣推向了高峰。她的代表作有：《意大利皇后像》、《耶稣像》、《美伶倍克像》等，作品曾获国际大奖，并被清政府作为国礼赠送外国政府。沈寿总结其刺绣技法、经验并口述，由张謇笔录、整理成《雪宧绣谱》，此为中国第一部系统的刺绣理论专著。

此图绣有大小蛤蜊六个，采用了缠针、施针、滚针等多种针法。绣者通过明暗对比后逼真地表现了蛤蜊的质感，特别在大蛤蜊的高光部分留出缎子绣底，巧妙地衬托出蛤蜊的光亮质感；底部颜色用浅棕色烘染而成。幅左下方题“沈寿”名款，绣“雪君”朱文印；右下角绣“姓名长在御屏风”朱文印。（葛莉）

**沈寿绣、张謇题古观音像** 近代

纵126、横40厘米

P51

博物苑早期藏品。此绣品摹清代画家陈洪绶所作德王观音像而制。绣面下方为一手拄长杖、驼背的老妪，双眼正炯炯有神地凝视着远方。这便是佛经上所述的观世音菩萨呈现的特殊扮相，谓“德王观音”。绣者分别采用旋针、长短针、平针、斜缠针等仿真绣技法绣制。绣品上部分别为张謇亲书的一段“般若波罗蜜多心经”和题款，字字珠玑、笔力遒劲。沈寿以黑丝线精心绣成，极好地表现了张謇深厚的书法功底。此绣是沈寿的仿真绣代表作品，她以刺绣的语言再现我国传统书画艺术的精髓，体现了仿真绣的艺术魅力。（陆琴）

**慈禧太后授沈寿四等商勋** 清·光绪

通长9、勋径5.2厘米

沈右衡、沈鹤一捐赠。博物苑早期藏品。此商勋以合金制成，五瓣桃花形，

P52

上嵌红蓝料珠数颗，花瓣间以绿松石粒嵌成的五角星相间，工艺精美，造型别致。此为清廷授予近代著名刺绣艺术家沈寿的“四等商勋”。

1904年，沈寿为贺慈禧太后七十寿辰，献上绣屏《八仙上寿图》和《无量寿佛图》，得慈禧赏识，由此成名。后清廷委沈寿任农工商部绣工科总教习，并派往日本考察工艺美术。沈寿在西方写实主义艺术的启发下，创造了“仿真绣”。因她在刺绣艺术方面的成就而获授“四等商勋”，这是传统工艺革新方面的最高的奖励。（赵明远）

P52

**意大利皇后赠沈寿金刚石圈金表** 1912年

通长8.5、表径2.9厘米

沈右衡、沈鹤一捐赠，博物苑早期藏品。此表上为皇冠形别针，佩戴时即别于胸前。卷草形表链，表壳为金质；表面为指针式，下部还附一秒表；表背刻有皇家徽记，周边由金刚石嵌成一圈；所嵌钻宝计有六十余枚，十分精美华贵。沈寿以其创制的仿真绣技法研绣的第一幅仿真绣作品是《意大利皇后爱丽娜像》。此作在1910年国内第一次博览会——南洋劝业会上备受推崇；1911年在意大利都灵万国博览会上获得“世界之大荣誉最高极之卓越奖凭”。会后，清政府代表将此绣作为礼品赠送意大利皇室，意皇后得之“鉴赏欢洽”，致信盛赞中国艺术，为“表两宫嘉悦之纪念”，皇后爱丽娜特别赠与沈寿这枚嵌钻石金表。（赵明远）

P53

**张謇佩一等嘉禾勋章** 1912年

最大径9.3厘米，银质

**张謇佩宝光嘉禾勋章** 1922年

最大径10.3厘米，银质

1985年张绪武捐赠。一等嘉禾勋章外形为两层以八组宝剑组成的八角星，圆心内镂刻“嘉禾”（即长得特别茁壮的禾稻）谷穗。宝光嘉禾勋章外形为两层以八组宝剑组成的八角星，中间双边圆圈内镶嵌珊瑚圆珠，圆心内镂刻“嘉禾”谷穗。1912年中华民国临时政府成立，张謇先生被任命为实业总长兼两淮盐政总理。1913年至1915年期间，张謇被任命为北洋政府农商总长兼全国水利局总裁。张謇致力于实业救国，曾主持制订并颁布的一系列经济法令、条例、规则，为中国民族资本工商企业的发展予以一定的保障，对国家的经济发展有着积极的推动作用。因其贡献卓著，先后被授予一等嘉禾勋章、宝光嘉禾勋章。（赵翀）

P54

**张淑德绣夕阳返照图** 近代

纵56.8、横93厘米

1983年张柔武、张绪武捐赠。此作为仿真绣作品，由沈寿监制。落日的余辉散发着淡淡的红晕，宁静而又神秘；林中细语呢喃、溪水涓涓流淌。作品将西洋油画、摄影中的光影、色彩技法运用到刺绣艺术中，针法上主要采用平针散套，并灵活运用变化丝路和走向来表现不同的树木、山石、流水，丝线的自然光泽也带来不同的艺术效果；画面生动精致，立体感强，将仿真绣的用光、用色、用针特色表现得淋漓尽致。女工传习所为张謇先生创办的刺绣学校，由沈寿任所长，曾培养了一批优秀的刺绣专业人才，为刺绣特别是沈绣的发展继承起到了承前启后的作用。张淑德为女工传习所早期学员。（张蕾）

**李群秀绣奉天牧羊图**　近代
纵46、横75厘米

P55

1983年张柔武、张绪武捐赠。此作为仿真绣作品，由沈寿监制。溪边一群丰肥的羊儿悠闲地吃草、嬉戏，牧羊人则静静地守候其旁，绣面充满祥和的氛围。此作最具特色的是针法的运用。绣者根据表现对象肌理的变化不断地调整平针的丝路，用虚实针施于平针之上表现羊皮毛的质感，灵活而又多变，传统平针针法被赋予新的刺绣语言。表现物象的结构、造型则灵活运用光影明暗技法加以表现，富有立体感。平针、虚实针、散套针等多种针法的灵活运用，使草、地、树木等景致栩栩如生，每只羊儿也都显得那样的丰肥、生动，富有灵气。此作为仿真绣的代表作之一，作者李群秀为女工传习所早期学员。（张蕾）

**牙雕孔雀明王像**　近代
高31厘米

P56

张謇捐赠，博物苑早期藏品。孔雀明王为佛祖释迦牟尼的法身变相。明王结跏趺坐于孔雀背负的莲花上，头戴繁丽宝冠，双目微闭，耳垂肩饰以臂钏，面容慈祥庄严，肩披帔巾，颈下、胸前遍饰璎珞。有四臂，右边第一手执开敷莲花，第二手持俱缘果，左边第一手当心掌持吉祥果，第二手执三茎孔雀尾羽。孔雀双腿直立，昂首挺胸，展翅开屏，尾羽上翘拢起，作明王背衬。底部刻有张謇的题款，全文为："民国十年辛酉六月夏历五月謇年六十有九，海门郁君寿丰赠牙雕大士像一躯，极精美，因赠博物苑南馆美术部永宝存之。方训谋刻。"从中可知此像是张謇先生69岁生日时，海门友人郁寿丰所赠，张謇转赠博物苑收藏。此明王按密宗仪轨造像，采用圆雕、透雕等艺术手法，刀法娴熟，雕工精细，不仅是精美绝伦的工艺品，而且作为博物苑的早期藏品尤显珍贵。（葛莉）

# 下　篇

**杏花燕子图**　明　陈淳
扇面　洒金笺　设色
纵19、横51厘米

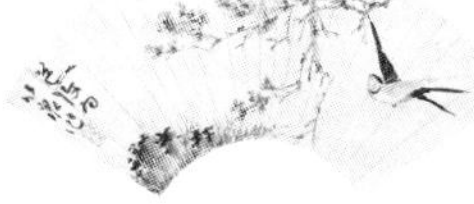
P59

1966年徐赓起捐赠。陈淳（1484—1544年），字道复，又字复甫，号白阳山人。江苏苏州人。出身于书香世家，家学渊源，又有名师指点，青年时期即崭露头角，选补邑庠生，“时流推高，令誉日起”。中年时期曾入北京国子监修业，后南归返乡，寄情山林，以隐士终其身。早年师从文徵明，习诗文、书法、绘画，作品笔致工整，秀雅清润，以“韵”见长。后突破前人成规，开创了大写意花鸟的一代新风，为明代写意花鸟画的代表人物。此扇面写杏花飞燕，纯然是一种托物寄情的漫兴墨戏，用笔洗练，设色清新，画面恬淡、轻松，从心所欲。自识“道复为竹泉作”。钤“道复”朱文印。(梁战)

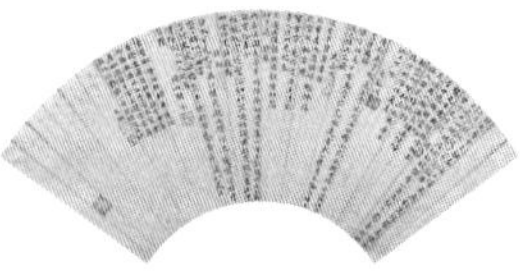
P59

**行楷自书诗**　明　周天球、文彭等

扇面　金笺

纵 17、横 49.5 厘米

1966年徐赓起捐赠。此扇面为周天球、文彭、文嘉、钱谷、许初、顾闻、朱朗共同创作。周天球（1514—1595年），字公瑕，号幼海，一作幻海，又号六止居士，江苏太仓人，以诗文书画名世。少年时游于文徵明门下。善写兰，得郑思肖标格。其书法不但继承了文徵明的风貌，且融会变通，书风变文徵明的劲利而为壮实，用笔之粗细变化，运笔之动感，均有增益。文彭，字寿承，号三桥，江苏苏州人，画家文徵明长子。诗文书法篆刻继承家学，书法有青出于蓝之誉。文嘉为文徵明次子。以上七人为文氏门下之佼佼者，书风相近。此扇面每人均题自书诗一首。落款分别为周天球、文彭、文嘉、钱谷、许初、顾闻、朱朗。(徐墩)

P61

**行书兰亭序**　明　文徵明

横幅　纸本

纵 112、横 26.6 厘米

文徵明（1470—1559年），初名壁，字徵明，后以字行，又改字徵仲，祖籍衡山，故号衡山居士，长洲（今苏州）人。工诗文、书画，与吴中名士祝允明、唐寅、徐祯卿并称为“吴中四才子”；与沈周、唐寅、仇英合称“明四家”。文徵明的书画造诣全面，山水、人物、花卉、兰竹等无一不工，书法临学精博，篆隶楷行草各体兼工。小楷尤其精整，学二王和虞世南、褚遂良、赵孟頫，法度严谨纯熟，笔锋挺秀，书体端正，风格清俊秀雅。行草书，早年师法怀素及苏、黄、米各家，融合变化，运笔遒劲流畅，自成一体。此作行书《兰亭序》，用笔爽利，笔力遒健，结体张弛有度，整幅作品清雅端庄，气韵生动。此书作于嘉靖壬寅年（1542年），自识“嘉靖壬寅二月望日书　徵明”。钤“文徵明印”白文印，启首钤“停云”朱文印。(杜嘉乐)

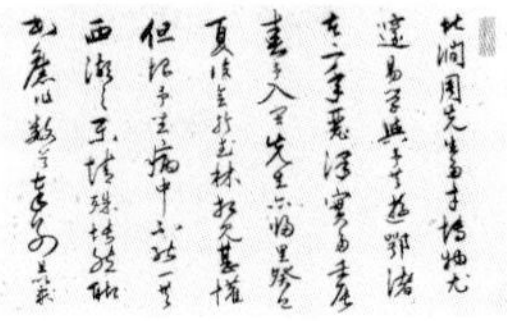
P63

**行草自书诗**　明　崔桐

手卷　纸本

纵 23.8、横 214 厘米

崔桐（1478—1556年），字来凤，号东洲，江苏海门人。39岁赐进士第三人，官授翰林院编修。崔桐风采卓卓，才气过人。善诗文，有《东洲集》等行世。又工书法，惜存世作品极少。崔桐于明嘉靖三十二年（1553年）自书诗卷，后南通费范九先生于民国三十五年（1946年）影印出版，使崔桐墨迹得以传世。此卷未署书写时间，而书风与崔桐其他作品基本相似。随意挥洒，气脉通畅，笔精墨妙，愈写愈流畅放旷，在流动的笔致下仍显露出宁静恬淡的气象，实得黄山谷、文徵明之神韵。清光绪二十一年（1895年）三月二十三日张謇在卷尾作跋，对崔桐的人格品德和诗文书法评价甚高，有“书法出入山谷，诗亦雅近大复”、“文采风流，照映一代”等句。落款“维扬崔桐顿首”，钤“来凤”朱文印、“玉堂之署”白文印，启首钤“文华讲官之章”白文印。（魏武）

**行草仿米帖**　明　董其昌

轴　绫本

纵129.5、横44.3厘米

董其昌（1555—1636年），字玄宰，号思白，华亭（今上海松江）人。明万历十六年（1588年）进士，选庶吉士，授编修，官至礼部尚书。谥文敏。董其昌天才俊逸，善谈名理，少好书画，临摹真迹，至忘寝食。行楷之妙，跨越一代。董其昌学习传统的面甚广，初由颜、虞入手，后习钟、王。诗云：“家山只在东流水，每到桥时眼便东。昨夜南宫一觉梦，早来堂上看飞鸿。”此作以米芾书风为体势而略去变化走向简约，点画清秀遒丽，结体挺拔飘逸，章法上字距与行距相当疏朗，再加上喜用润墨和淡墨，写在绫本上，字里行间更弥漫着生意和禅机。落款“仿米书　其昌”。钤“大宗伯印”白文印等。（魏武）

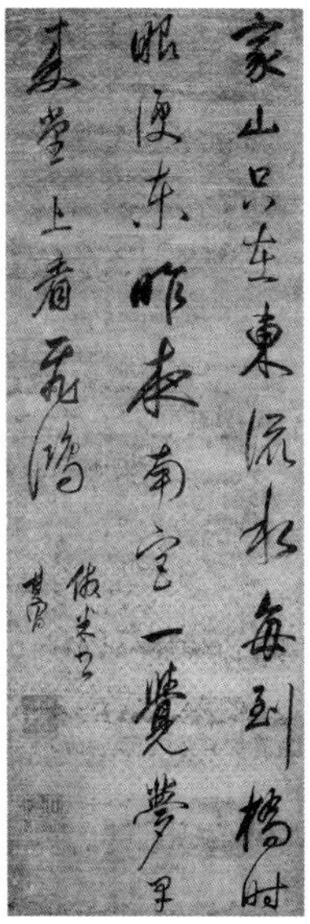

P66

**行书阿含经句**　明　陈继儒

轴　洒金笺

纵112、横30厘米

陈继儒（1558—1639年），字仲醇，一字眉公，号麋公，华亭（今上海市松江）人。与同郡董其昌齐名，工诗文，虽短翰小词皆极风致。书法苏轼、米芾。又善写梅、竹，能画山水，气韵空远。著有《皇明书画史》、《眉公秘笈》、《书画金汤》等。此轴系书《阿含经》句，作品信手写来，无拘无束，心手相应，率意而成。细细品读，此作意境高远，风神闲逸，韵度清美。运笔则清劲峭拔，迅疾流畅，深得宋人之韵致。书画同源，陈继儒恣态苍老的书画艺术来自他深邃的修养和宽广的胸襟，正如董其昌评云：“眉公胸中素具一丘壑，虽草草泼墨，而一种苍老之气岂落吴下画师恬俗魔境”。落款“出阿含经　陈继儒”。钤“麋公”、“雪堂”二白文印。（魏武）

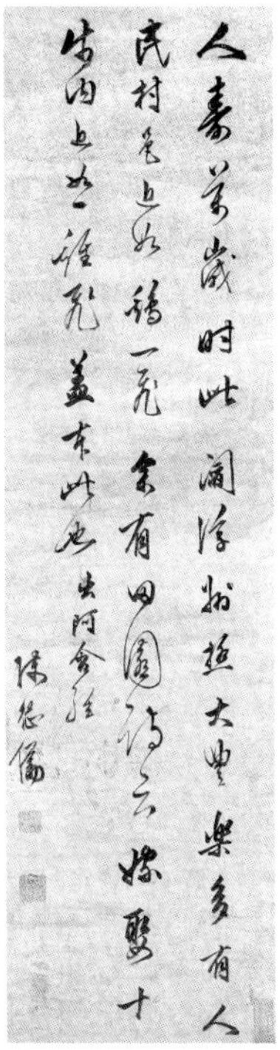

P67

**观音像**　明　李麟

轴　纸本　水墨

纵113.5、横25.5厘米

李麟（1558—？），字次公，四明（今浙江宁波）人。善白描，尤长写貌，常作佛像。用焦墨而不觉其枯，眉目粗而不觉其重。师丁云鹏有出蓝之誉。此画在莲池上方，一观音赤足立于莲花座上。观音头戴化佛宝冠，身披天衣，胸

P68

佩璎珞；其左手持钵，右手执一柳枝，似向众生遍洒甘霖；身后一轮明月恰作其背光。观音面容丰腴而秀美，姿态婀娜而端庄。

此作以水墨而成，焦墨勾勒、淡墨渲染，画面显得墨气氤氲、清新悦目。作者署款：“娑婆居士李麟焚香拜写”，钤“李麟”白文印等。左下钤“南通狼山观音院供奉”、“辩利院印”、“辩利院供养”朱文印等。此像原为宋代古刹——杭州辩利禅院藏，1917年，与禅院所藏其他160幅观音画像被转赠于南通博物苑，张謇特将其陈列于南通狼山观音院。1938年日军侵占南通，观音画像辗转上海保存，1951年博物苑恢复之际，这批观音画像回归博物苑。（陈金屏）

P69

**秋江钓艇图** 明 关思

轴 绢本 设色

纵138.5、横52.9厘米

关思，字何思，九思，更字仲通，号虚白，以字行，明代乌程（今浙江吴兴）人。万历年间名重海内。善山水。此图绘深秋江边景色，画面简洁清晰而利索。近处群石间，一苍松挺立，旁为灌木所拥。树石下之江边泊一艇，渔者凝神于钓杆，江面辽阔亦现二舟，各有垂钓者。远望，高岭平岫，前后遥列，林木离披，流泉数叠。树木用湿笔勾勒，叶用垂头直点和夹叶双钩；石体取细柔的短披麻皴，皴笔湿润清淡，布苔以渴墨所点，显得潇洒而有神；滩边水草，用深墨尖笔点剔，笔笔着力，表现了滩之远近。

此图设色淡雅，脱叶树端及夹叶间，彩中掺硃而点染。整体风貌，笔墨松秀幽淡，具古淡天然之真趣，并兼备苍茫纵逸之神韵。署款“虚白道人思”。钤“关思之印”白文、“何思”朱文二印。（徐志楠）

P70

**行草七绝诗** 明 张瑞图

轴 绢本

纵148、横46厘米

张瑞图（1570—1644年），字长公，号二水，福建晋江人。明万历三十五年（1607年）探花，明天启七年（1627年）召入内阁。官至礼部大学士。书法奇逸，钟、王之外独辟蹊径。与邢侗、米万钟、董其昌齐名，史称“邢、张、米、董”。

张瑞图由于手书魏忠贤生祠碑文而被崇祯列为逆案，罢为乡民，书法亦遭株连，讥评甚多。清人梁山献在《承晋斋积闻录》中赞张瑞图的书法“摆脱明季书学崇尚柔媚之气，力矫积习，独标风骨，虽未入神，自是不朽。”此轴运笔自如，线条盘旋跳跃，笔锋多呈锐角，起笔与收笔抛弃藏头护尾的传统模式，锋芒毕露，斩截爽利。结体内攊，横竖相交，赋予字体以雄奇郁勃之势。虽寥寥20余字，章法上字距密集，一任牵连映带如流泉奔泻。且行距宽松颇具动势，使整体在灵动的空间中自由迸溅，形成强烈的艺术个性。落款“瑞图”。钤“张瑞图印”白文印、“文章学士”朱文印。（魏武）

**草书七绝诗**　明　范凤翼

轴　绢本

纵176、横50厘米

范凤翼（1574—1655年），字异羽，号太蒙，晚号真隐，学者称为真隐先生，江苏南通人。少年时风神清茂，颖慧不群。23岁，举万历二十五年（1597年）乡试，次年成进士，为南通历史上的名宦、名士。善诗文，不袭古，不循今，阐发性灵，自出新意。精书法，晚岁犹作草书，风格娟秀妍雅，“无所不规仿，大有晋人风。”著述颇丰，有《范勋卿集》等行世。

此轴草书七绝诗，融晋人之法度，草法精熟，笔力遒婉，字与字之间大多不相连缀，行气疏朗宽畅，浓淡得当，有一种葱倩清冷的趣味。范凤翼与董其昌交往甚密，董其昌曾云：“吾友范异羽，其人忠君忧国一腔真性情，发泄而为大雅之音，且有英雄气，终身不合于奸邪小人。”落款“范凤翼老笔”，为其晚年之作。钤“凤翼”、“勋卿之章”二朱文印。（魏武）

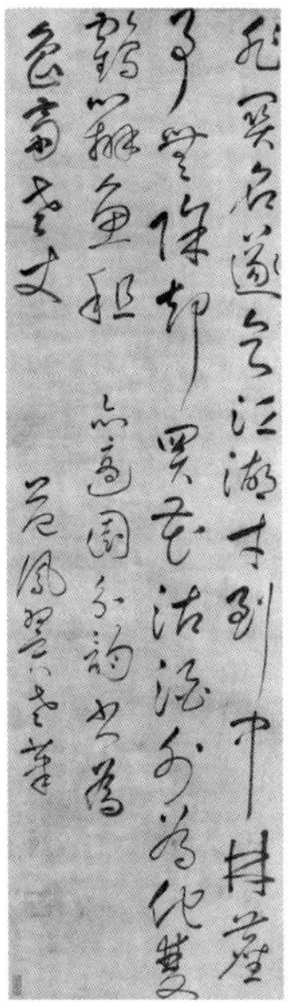

P71

**雪江晚渡图**　明　张宏

轴　纸本　墨笔

纵130、横39厘米

1963年购于上海朵云轩。张宏（1580—？），字君度，号鹤涧，吴（今江苏苏州）人。擅山水画，重写生，师沈周，笔力峭拔。此轴画寒江雪景，峰峦蒙雪，坡脚林木萧索，林下小屋临水。有一小舟自左下林间驶出，中载二人一驴渡江，一舟子立于船头撑竿，当是出游晚归。

此画构图颇有特色，以坡脚、近山、远山的大小三角形及水面的两个三角形交错推进，营构了纵深空间，是一种将传统的平远法与深远法巧妙结合的章法。笔法简练，只空勾雪峰轮廓，疏朗空阔，而以较密集之线写丛树，与雪峰形成疏密对比。以纸白为雪，淡水墨渲染江天一色，颇得清寒之趣。此画作于明崇祯甲戌年（1634年），右上自识“雪江晚渡，崇祯甲戌二月写，张宏”，钤 “张宏之印”、“君度氏” 白文印。（丁鸿章）

P72

**秋壑清宫图**　明　蓝瑛

轴　绢本　设色

纵220、横93厘米

蓝瑛（1585—1664年），字田叔，号蝶叟，晚号石头陀等，浙江杭州人。画山水，初年秀润，摹唐宋诸家，笔笔入古，而于黄公望究心尤力。晚年笔益苍劲。且工花鸟、梅竹、兰石等，颇得宋元笔法，为浙派后期代表画家之一。

此轴描绘秋壑苍润、崇山峻岭、奇秀多姿的面貌。画中一座山峰高入云霄，雄伟壮观，另诸峰叠翠，山中古松挺拔、屈曲，又杂以各色奇树丛木，使人望而产生浑厚沉雄、意境幽深的感觉，足以表现了画家山水画的功力，是一幅悉心构思的佳作。画幅右上自题：“丙申春仲画于凝紫山房，吴山研农蓝瑛”。钤有“田叔”、“蓝瑛之印”二方朱文印。（梁战）

P73

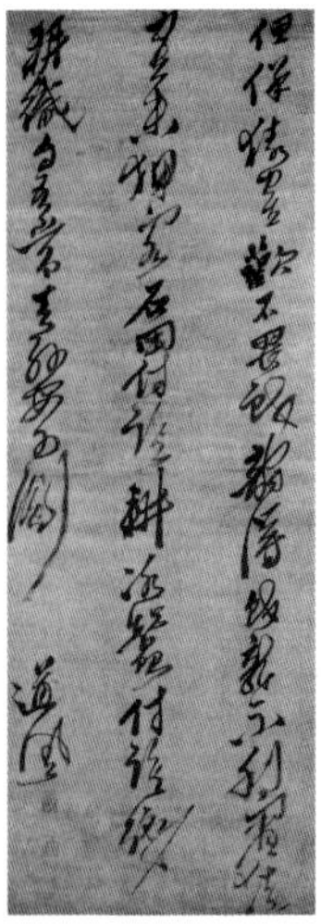

P74

**草书五古诗**　明　黄道周

轴　绫本

纵 138.3、横 48.8 厘米

1966 年徐赓起捐赠。黄道周（1585 — 1646 年），字幼玄，一字螭若，号石斋，又号石道人，福建漳州人。明天启二年（1622 年）进士，官礼部尚书。学贯古今，尤以文章风节高天下。诗文敏捷，书画奇古，自成一家。此作一气呵成，写自书五律诗，逸趣横生。正如沙孟海先生所云："黄道周便大胆去远师钟繇，再参索靖草法。波磔多，停蓄少；方笔多，圆笔少……他的草书，如急湍下流，被咽危石。"同时，黄道周往往以其政治上的不满情绪和人生道路上的喜怒哀乐融入书法作品中，此作进一步印证了他"心正笔则正"的书法观。落款"道周"。钤"黄道周印"白文印、"石斋"朱文印，启首钤"石道人"白文印。（魏武）

P75

**梅花图**　明　包壮行

屏　纸本　墨笔

纵 122、横 49 厘米

1953 年张非武、张柔武、张绪武捐赠。包壮行（1585 — 1656 年），字稚修，号石圃，别号石圃老人，南通州（今江苏南通）人。明崇祯十六年（1643 年）进士，官工部主事，入清后隐居家乡。诗文造诣甚深。工书、画，善画梅花、水墨竹石。尤喜累石为奇峰，曰"石圃"。喜制彩灯，别具一格，被誉为"包灯"。此屏八幅构成一完整画面。老干古枝盘缠交织，如游龙惊蛇、蜿蜒屈曲；枝头花繁蕊密，暗香浮动；作者以浓墨绘枝、圆笔圈蕊，笔法古拙生动，构图繁而不乱，呈现一派生机盎然之气。作者自识款印损。在首幅右下张謇有一长题，"此前明崇祯癸未进士包石圃壮行画。《绘林伐材》称壮行工钩勒梅花、水墨竹石。顾乡里之流传绝少，似此巨幅尤为仅见。初得时前侧之下犹存一包字，复为裱工剥弃，无可征信，后之人将不辨为何人称作，可惜也。题而识之，付博物馆以存先辈名迹。光绪三十三年丁未八月二十二日张謇。"据此可知此为包壮行所作。最后一幅钤"张绪武收藏书画赠送南通博物馆之印信"朱文印等。（陈金屏）

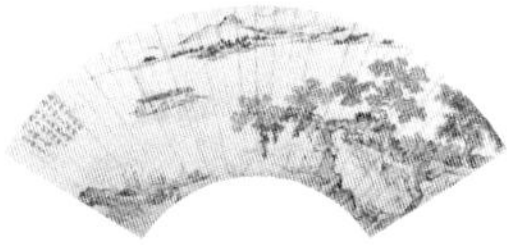

P79

**篙楫安流图**　明　魏居敬

扇页　金笺　设色

纵 15、横 45.7 厘米

魏居敬，明代江苏苏州人。善山水，亦能花鸟。此扇页所绘，树石置幅右下，湖面向左展开，景色与地平线持平。近绘危石欹树，石体苍厚，树干蟠曲多斑。叶以勾点各法写成，赋以黄赭或加花青，矶旁用淡墨加淡赭画芦苇，显得秋意正浓。苇间之舟上，一人独饮，转望湖中之舫，舫张一帆设两篷，其首坐一人伏膝欲睡，尾端一人扶撸而不摇，任舟荡漾于碧波之上。前舱独坐一仕者，举手执笔，神情隐蓄。前方群木远岫，水天一色，寥寥几笔，衬托了湖光山色的秀美。自题诗："万顷湖光足钓丝，济川功了乞归时。安流不用施篙楫，敛手舷头任所之。"款署"丁未桂月写古吴魏居敬"，钤"魏居敬"白文印。按"丁未"，此画作于明万历三十五年（1607 年）。（徐志楠）

**万斛清香图**　明　刘世儒

轴　纸本　墨笔

纵 357、横 143 厘米

1953年张非武、张柔武、张绪武捐赠。刘世儒（明），字继相，号雪湖，山阴（今浙江绍兴）人。少时见王冕画梅而悦之，至废寝忘食。学成后走名山幽谷，遍访梅花之奇，尽得其情态。著有《雪湖梅谱》。此轴绘一株古梅拔地而立，老干纵横交映，新枝纷繁错落，一树雪梅千花万蕊，尽显婀娜之天姿，暗藏万斛之清香。整幅作品以水墨而成，枯湿浓淡相间，墨色丰富，墨气淋漓。尤其如此巨幅，气势恢弘，实属难得。左上自识："万斛清香，越雪湖刘世儒"，钤"雪湖居士"、"刘世儒"印。此作曾为张謇收藏，幅右有张謇题诗："未能免俗彭刚直，三十年来人道奇。寥寂山阴雪湖叟，千花万蕊出天姿。霜皮溜雨或堪拟，铁干回春亦自知。粉壁云窗晴昼里，倦晴轩豁最高枝。"诗后再题记刘世儒生平，钤"啬翁"白文印。画左下钤"张氏季子鉴赏"白文印、"张绪武收藏书画赠送南通博物馆之印信"朱文印。（陈金屏）

P80

**弘储像**　清　顾见龙

轴　绢本　设色

纵 133、横 66 厘米

顾见龙（1606—？），字云臣，一作云程，自号金门画史，江苏太仓人，居虎丘。康熙初以写真祇候内廷，名重京师。所写弘储（1604—1672年），本姓李，俗名继起，号退翁，南通人，后住灵岩山，是位爱国爱乡的诗僧。此整身像无衬景，他依椅危坐，免冠便服，披覆肩衣，衣有环状带扣，右手持通天杖。面部以细毫蘸淡墨，渴笔连描带皴，须眉短发画得十分疏松，面肌解剖精确，有明暗而无阴影，质感强，表现了弘储坚强而平和的个性。衣纹及各物线条刚劲有力。面、手以轻粉加淡赭晕染，其他均为形内填彩，覆肩衣则以朱砂大红平涂，保持了中国传统的写真画风。右下题款模糊，可辨"癸卯初一敬写于天阁，娄东弟子顾"，钤"云臣氏"白文印；左上残留局部弘储自识，钤"弘储之印"、"继起"二白文印。按"癸卯"，此画作于清康熙二年（1663年）。（徐志楠）

P81

**楷书文赋**　明　刘上延

卷　绢本

高 24、长 284 厘米

刘上延（生卒年不详）。据《明清安徽画家作品集》记载："崇祯十二年孙逸与李永昌、汪度、弘仁、刘上延为李生白联作《冈陵图》。"崇祯十二年为1639年。刘上延此卷写于"己卯新秋"，亦即1639年。此卷用工整小楷书写"文赋"全文，笔法精到，结体俊逸，书风洒脱，有晋唐法度。文后有王思任题跋。王思任生于明神宗万历四年（1576年），卒年不详。浙江山阴人，字季重，号遂东。万历乙未进士，历礼部右侍郎。工书画，仿米家数点，云林一抹，饶有雅趣。王思任的墨迹传世不多，亦是难得一见之珍品。此作钤有"刘上延印"、"王思任印"及 "季重"等印。（徐墩）

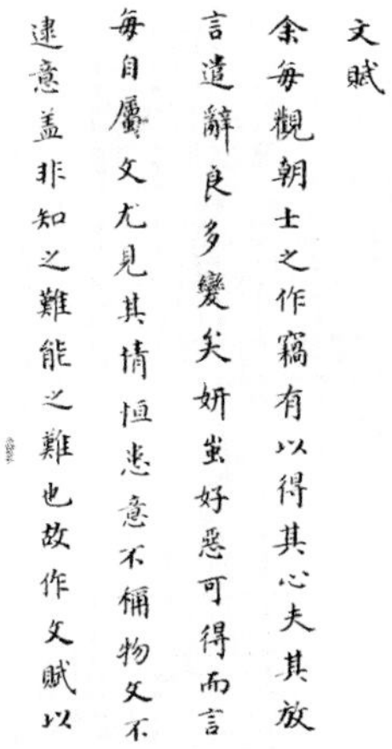
文賦
余每觀朝士之作竊有以得其心夫其放
言遣辭良多變矣妍蚩好惡可得而言
每自屬文尤見其情恒患意不稱物文不
逮意蓋非知之難能之難也故作文賦以

P83

P84

**三祝图**　清　顾骢

轴　绫本　朱笔

纵176、横49.6厘米

1973年购于南通市文物商店。顾骢，明末清初时人，字云车，或作云章，号慧道人，江苏南通人。以绘事名。善画竹，法苏轼，用笔挺劲。性耿介，画不轻作，故作品流传甚少。此轴以朱笔写竹三株，寓“三祝”之意。竹竿挺拔，竹叶呈风势，又缀以湖石，用笔简练，整个画面给人有出尘脱俗之感。自识“小春日写三祝图为寿，慧如顾骢”。钤“顾甫云章”白文、“臣有马癖”朱文印。按“丁巳”，此画系清康熙十六年（1677年）所作。(梁战)

P85

**蕉石图**　清　郜琏

轴　纸本　墨笔

纵130、横59厘米

1983年购于南通市文物商店。郜琏（1595—？），字方壶，自号绿天主人，江苏如皋人。仕台州参军，解绶归，嗜山水，五岳历其三，兼善花草。尝写芭蕉传至日本，海外珍之，人称“郜蕉”。

此图居中偏右下置一立石，石端垒叠如岗峦，横笔作皴，前缀一小石，均以水墨渲染，显得湿润而雄阔，十分凝重。石苔及地草用秃笔破毫重点，形似半圆花瓣。石后写芭蕉两株，蕉叶凌空而上，一叶弧转伸向左方，纯以淡墨双钩而成，笔势顿挫有序，颇现俊逸素雅。这一虚实、轻重、深浅的对比结构，使画面洋溢着沉稳而潇洒的笔墨精神与典雅脱俗的艺术气息，也显示出其技艺娴熟和笔精墨妙的“郜蕉”风貌。此作画于康熙十一年（1672年），题款“壬子新秋写似□翁老先生哄正，七十八老人郜琏”，钤“郜琏私印”白文印等，款前引首“映雪轩”白文印一方。(徐志楠)

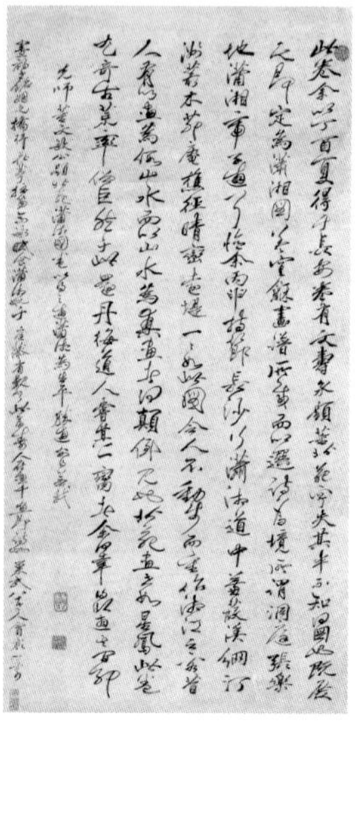

P86

**行草潇湘图跋**　清　冒襄

轴　纸本

纵123、横61厘米

1966年徐赓起捐赠。冒襄（1611—1693年），字辟疆，号巢民，又号朴巢，江苏如皋人。明末副贡，授台州推官，不赴。与方以智、陈贞慧，侯方域并称“明末四公子”。著有《水绘园诗文集》等。善书法，师事董其昌，得晋人神韵。闲作山水花卉，书卷之气盎然。

此轴为冒襄80岁时所书，即康熙二十九年（1690年），系晚年之作。冒襄和方以智、傅山等人一样为有气节之士，常将抑郁不平之气融入书法之中。因此，作品往往奇肆豪放，不守绳墨。此作堪称代表之作：笔笔中锋，顿挫自然，妩媚天成，纵横跌宕，全无赵孟頫、董其昌秀美流丽之态。同时，因冒襄与王铎、宋曹、倪云璐、黄道周等人交游甚密，书风或有契合之处，但稍加比较却不难看出他们是各有师法而又自出机杼的。落款“巢民八十老人冒襄书寄”。钤“冒襄巢民辟疆”朱文印、“祖孙父子三休”白文印，启首钤“水绘闇”白文印。(魏武)

**为文翁作山水** 清 王槩

轴 绫本 设色

纵196、横48厘米

王槩(1645—1707年后)，一说卒年约为1710年。原名丐，字东郭，后更名槩，字安节。先世是秀水（今浙江嘉兴）人，久讲宁（今南京)，专心艺事，以卖画为生。山水学龚贤，一说为龚贤弟子。用笔以雄快取势，识者谓其健硬有逾，而冲和不逮。亦善画花鸟、人物。又擅治印兼刻竹。曾亲自摹写《芥子园山水画谱》流行于世，影响甚广。著有《画学浅说》。此图山石峰峦峻伟，桃茂松苍，郁然森秀。近峰层叠，远山高峻，傍水巨石下、山腰树林间有茅亭与房屋，屋中二人对坐闲话。画法严整精谨，稍欠冲和涵泳。此画作于清康熙二十二年（1683年)。右上自题“种桃谷口锦成围，八十番花看不违，时与少年矜足力，中峰却杖步如飞。题小诗补画不足用进文翁先生八袠大寿酒并正，癸亥修禊日，绣水王槩。”钤“王槩之印”半朱半白文印、“安节” 朱文印。(丁鸿章)

P87

**陶渊明诗意图** 清 戴本孝

屏 绢本 设色、墨笔

纵168.5、横54厘米

戴本孝（1621—1691年后)，字务旃， 号鹰阿山樵，又号前休子、破琴老生、碧落精庐主人、迢迢谷口农，安徽休宁人。一生不仕。能诗，工画山水。性情高旷。山水多取材于黄山风景，善用枯笔，强调虚实对比，线条丰厚沉着，格调松秀枯淡，墨色苍浑，得元人之趣。后人称其与梅清、梅庚、石涛等为黄山画派。此屏写陶渊明诗意，表现清逸的山林田园风光。全屏十二幅，或写重山峻岭、飞瀑流泉，气势磅礴、清奇壮丽；或写小桥流水、山林人家，静寂幽深、疏朗秀致。画家以枯笔勾勒山石，以浓墨点皴，淡墨擦皴，山石坚实之质自现；近者浓重，远者淡逸，浓淡之间虚实相生。松树、林木用干笔皴擦，古朴苍劲。画作设色者清雅芳润，水墨者烟润苍遒，极气韵生动之致，为戴氏至精之作。每条屏引陶诗原作，并自题作解。末屏署款：“历年家弟五岳外史戴本孝拜识”。钤“臣本布衣”朱文印、“戴本孝字务旃”白文印等。(陈金屏)

P89

**隶书周武王带铭等** 清 郑簠

屏 纸本

纵167、横54厘米

郑簠(1622—1693年)，字汝器，号谷口。江苏上元（今南京）人。《艺舟双楫》列其隶书为“逸品上”。此屏作于清康熙戊辰年（1688年)，分别书写：“夏禹铸鼎谣”、“周武王带铭”、“汉娄寿碑”、“晋青壁铭”。郑簠时年66岁，是人书俱老的佳构。笔酣墨饱，沉着飞舞，力透纸背。笔法丰富，雄强恣肆，将篆、隶、楷、行冶为一炉，鬼斧神工，浑然天成，真正达到了他自己所说的“朴而自古，拙而自奇”之境界。在明清交接之际，郑于婉秀媚柔的书苑中标立一枝惊世骇俗的奇葩。此作落款“谷口郑簠”、“谷口老农”，钤 “郑簠之印” 白文印和 “脉望楼”朱文印。(徐墩)

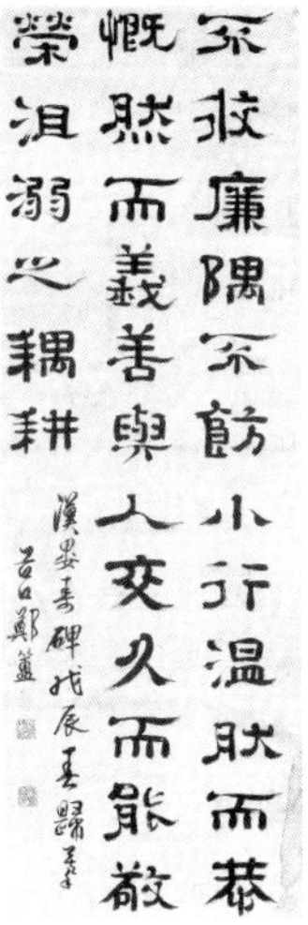

P95

P96

**清山远眺图**　清　高其佩

轴　纸本　设色

纵 280、横 131 厘米

高其佩（1660—1732年），生卒年一说为1672—1734年。字韦之，号且园、南村，别号且道人，辽宁铁岭人。官至刑部侍郎。8岁时学画，凡人物、山水、花木、鸟兽、鱼龙，无不精妙。中年后始创以手指代笔的指头画法。此图绘秋景人物，远处峰峦峻拔，近有山石、小桥，泉水急流而下，松树虬曲多姿，树下有二老人，一位襟胸坦坦，手持羽扇，正与执杖者侧颈远眺对谈，一童侍其旁。整幅人物神骨俱全。山石的大斧劈效果比笔皴力量更强。染色以赭为主。值得一提的是，在这巨幅贡纸上作出如此情景入妙的人物山水图，确实令人赞叹。自题诗："富贵莹莹岁月蹉，闲心未许挂烟萝。枕流嗽石飞关隐，仁知襟怀各乐多。"署款"铁岭高其佩指头生活"。钤白文"高其佩"、"且园"和朱文"古狂"、"不是画"、"指头画"五印。（徐志楠）

P97

**烟寺风帆图**　清　李堂、李山

轴　绢本　指画设色

纵 140、横 51.5 厘米

1975年孙少芬捐赠。李堂（1664—1741年），字心构，号草亭，江苏南通人。工画，以贡生老其材，放情山水，诗歌辞赋皆秀拔豪横，尝应聘修江南通州志，有《草亭诗文集》等行世。李山（1662—？），初名光奎，字一桂，号顽石，亦南通人。工山水、人物，间涉禽鱼草虫，无不入妙，晚年兼工隶书，其指头画亦饶逸趣，高其佩曾聘其入幕，推为"仙笔"。李堂父黄，于康熙三十七年（1698年）就南通城南借水园，结集笔墨之侣联"五山画社"，李山与李堂均为该社画友中之晚辈。此图右上方有李堂题："雍正壬子正月草亭将往金陵坐顽石山房指头画"，时为雍正十年（1732年）；左下李山题："顽石补烟寺风帆"。全幅烟霭迷濛，气象萧疏，在水墨和色泽的运用上，轻柔而淡雅；自然景观内再点缀寺宇、双舟，以墨染情，相得益彰。 钤"李堂印"、"心构氏"和"李山印"、"顽石子"等印。另有"半云楼"、"拂拂从十指间出"等印。（徐志楠）

P98

**山溪水涉图**　清　蔡远

轴　绢本　设色

纵 211、横 99 厘米

蔡远，字自远，号天涯、月远，又号紫帽山人、紫渭山人。福建人，侨居江苏常熟。学山水于王翚，得其指授。

此幅为全景式构图，气势磅礴。远峰耸立，飞瀑直泻，楼阁屋宇掩映于山林平地中。下有兀石崇冈，山石雄强，秋林苍郁，傍山有村庄，坡岸曲折绵延。近处广阔的浅滩上，一队人马正涉溪穿行，其中二翁乘马赏景吟诗，其形体虽小，却为全景增添了动感。全幅循范宽法，落笔雄伟老辣，山具骨气。淡设色以浅绛为主，叶荫混青，以呈秋色。整幅意境，完全融入自题诗中："江上千峰雨后鲜，烟光树色翠相连。山翁吟罢浑无事，坐看龙媒涉大川。"署款"岁次戊辰小春广陵客馆抚范华原遗则莆阳蔡远"，钤"蔡远之印"、"啸傲烟霞"二白文印。按"戊辰"，此画系清康熙二十七年（1688年）所作。（徐志楠）

**翠竹牡丹图** 清 李方膺
轴 绢本 设色
纵147、横44厘米

李方膺（1697—1756年），字晴江，号虬仲，还有抑园、仙李、借园主人、衣白山人、江左陋儒、木头老子、输墨苍头等别署，江苏南通人。雍正初举贤良方正，官山东兰山、安徽合肥等知县。性耿介，傲岸不羁，曾两次被诬入狱，去官后侨寓金陵。擅画松竹梅兰，老笔纷披，不拘绳墨。为"扬州八怪"之一。著有《梅花楼诗钞》。此图画翠竹两竿、牡丹一株。竹以意笔白描写就，不着一色；牡丹则用没骨画法，颇有俊雅清姿，而无富贵俗态。右侧自书题画诗一首："画事推敲问画工，非关竹绿牡丹红，白琅林下陶弘景，秦地淇园卫武公。"并自识"晴江侄顿首再拜"，钤"晴江的笔"白文印。启首钤椭圆"口只堪吃食耳" 朱文印。（丁鸿章）

P99

**山水** 清 吴期远
屏 绢本 设色
纵165、横51厘米

吴期远，字子远，江苏镇江人。山水仿黄公望，用笔韶秀，颇有妙境。清康熙七年（1668年）客京都卖画自给。此山水屏题材丰富多样，有表现季节特征的"桃源寻仙"、"幽居结夏"等，有拟山水名家技法的"仿宋人粉本"、"拈笔追忆董巨真迹"等，各景色包括奇秀多姿的山石林峦，笔致柔润的重山大岭，横阔百里的田野河川及点缀其间的村落作坊、车篷小亭、竹栏柴门、小桥行舟、桑椿柳杨等，分别构成了一幅幅自然和谐的生动画面，充满了浓郁的生活气息。用笔沉稳，色调雅致。全套屏气韵闲逸，清新而韶秀，不失为一件艺术杰作。每幅都有自题，名款前分别署：古曲阿、紫园、西谭翁老人、茧庵等别号。此屏作于清康熙三十三年（1694年）。末幅款："康熙甲戌冬仲古曲阿吴期远"。每幅均钤"吴期远"白文印、"子远"朱文印二方。（徐志楠）

P101

**梅花图** 清 李方膺
卷 纸本 墨笔
纵46.2、横167.8厘米

1964年购于南通市文物商店。此卷绘梅花，虬干横斜，新枝纷披，繁花星点，暗香浮动。枝干以浓淡枯湿的笔墨画写，纵横宕跌；梅花以淡墨圈瓣、浓墨点蕊。整幅作品笔法老辣放纵，墨色淋漓，呈现出苍劲清秀、大气磅礴的艺术风貌。卷尾有画家长题："予性爱梅，即无梅之可见，而所见无非梅。日月星辰，梅也；山河川岳，梅也；硕德宏才，梅也；歌童舞女，亦梅也。……知我者梅也，罪我者亦梅也。"自识："乾隆二十年四月初六日写于金陵借园虎溪桥，

P107

李方膺字晴江，江南通州人”钤“晴江”、“膺”、“梦中之梦”三白文印。此图创作于乾隆二十年（1755年），即画家临终前一年所作，是他三十年来醉心于梅、苦心于梅的创作体会和总结，也是画家晚年的精到之作。（陈金屏）

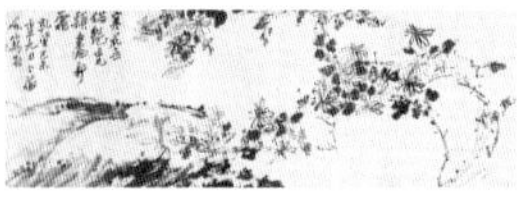
P107

**菊石图**　清　丁有煜

横幅　纸本　墨笔

纵40、横187厘米

丁有煜（1682—1764年），字丽中，号个堂，又号石可、幻壶、个道人。清代早期南通著名诗人和画家。工诗、古文辞。擅书画、篆刻等，且自成一家，尤以诗词和水墨画声名最著。绘画题材多取梅兰竹菊，并诗书画印融于一体，表达了作者清高、超逸的胸臆。画风与“扬州八怪”相近，并备受他们推崇。此图以小方山石作衬托，一丛山菊枝叶蔓生、花骨怒放，一派山菊烂漫的景象。画家以浓墨画菊，其幽香和生机跃然纸上；淡墨染巨石，与花浓淡相间，呈现出画面的空间深度。整幅作品用笔简练，写意而又不离写实。

此画作于乾隆四年（1739年），画面左上侧题跋：“寒花无俗艳，秃颖画新霜。乾隆己未重九日个道人写于双薇园之西窗，时篱下黄花已烂熳矣。”钤“个道人”白文印，启首钤“丽中诗画印”白文印。（葛云莉、梁战）

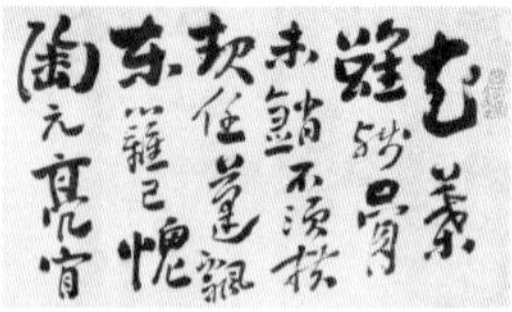
P109

**行书七绝诗**　清　高凤翰

横幅　纸本

纵34、横124厘米

高凤翰（1683—1749年），原名翰，早年字仲威，又字西园，号南村，自称南阜山人，山东胶州（今胶县）人。出身书香门第，工书法、绘画，草书圆劲，善于画山水，纵逸不拘于法，纯以气胜，兼北宋的雄浑，元人的静逸。雍正五年受皇帝接见授歙县县丞职，雍正十一年，被人诬告受监禁之灾三年，以至在54岁被无罪释放时，右手被折磨病废，后改用左手书画，笔法愈是苍辣，并更号“尚左生”、“丁卯残人”。出狱后有人劝他复官，高凤翰特画一幅菊图表示感谢，该书即为菊图所题。此为其左笔所书，笔法一丝不苟，线条沉着老辣，法度严谨又不乏生动，呈苍古之意趣。题款：“有劝余复官以作收局者，余写菊一幅谢之，此其题句也。”钤“高凤翰印”、“南阜农”、“左手”三方白文印。启首钤“老阜左手”朱文印。（杜嘉乐）

P110

**千手观音像**　清　华嵒

轴　绢本　设色

纵114、横45厘米

华嵒(1682—1756年)，字秋岳，号新罗山人、又别号东园生、布衣生等，福建上杭县白砂里人。善人物、山水、花鸟、草虫，脱去时习，力追古法。笔意纵逸骀宕，种种神趣，无不标新立异，机趣天然。书法钟繇、虞世南，工诗。有“三绝”之称。著《离垢集》、《解馆诗集》。

此观音面庞方中寓圆，脸颊稍长，下颌丰满，形象高古而秀丽，有合掌手（二手）、顶上化佛手（二手）、施无畏手、持日手、持月手、净瓶手等共十八臂，体态婀娜，服饰华美，正和蔼慈祥地观照着一位跪拜的红衣童子。设色以孔雀蓝为主，间或朱、赭色，格调富丽典雅。观音用流利绵长的线条，如高古游丝、行云流水，细劲畅逸，显高贵气质；童子的衣纹清圆细劲但多转折细碎之笔，与之身份相吻合。这是画家以笔线刻画人物的用心之处。画幅右下署款：“弟子华喦敬写”，钤“华喦”白文印；另钤有“摩松堂供养”朱文印、“南通观音禅院供奉”朱文印。（陈金屏）

**萱花图** 清　李鱓

轴　绢本　设色

纵43、横30厘米

P111

李鱓（1686—1762年），字宗扬，号复堂，别号懊道人、衣白山人、磨墨人、苦李、中阳氏、木头老子等，江苏兴化人。康熙五十年（1711年）中举，三年后以画入宫廷为“内廷供奉”；乾隆三年（1735年）任山东滕县知县，“为政清简，士民怀之”，因忤大吏罢归，之后一直在扬州以卖画为生。为“扬州八怪”之一，其写意花鸟画继承明代徐渭、八大山人、石涛以来的题材外，又拓展了表现领域，在表现技巧上也有了新的突破，运用石涛破笔泼墨的画法，同时又吸取没骨花卉的表现方法，纵横驰骋，不拘绳墨，多得天趣。此轴随意写来，几株萱草，全用中锋，点以几朵花蕾，欲放未放，俯仰多姿，神韵十足。自题：“堂前无杂植，一色是宜男，永日廉栊静，相看意自酣。乾隆九年正月懊道人李鱓”。钤“鱓印”朱文印。（梁战）

**人物故事** 清　黄慎

屏　纸本　设色

纵201、横55厘米

P113

1951年徐赓起捐赠。黄慎（1687—1768年后），字恭懋，一字恭寿，号瘿瓢子，又号东海布衣等，福建宁化人，有《蛟湖诗集》存世。从师上官周。后从怀素书法受到启发，即以草书入画而自创粗笔写意风格。以人物画造诣最高，花鸟、山水亦有特色，“扬州八怪”之一。

此人物屏为黄慎早期作品，画得较工整，延用其师上官周的笔法，与后来的草书笔法有较大差异。每屏画历史人物掌故，如张良路遇黄石公、朱买臣挂角攻书等事。画面下部画人物，淡墨依线渲染，淡赭作肤色，间以石绿、朱砂作衣饰。上部配以树木山石等景物，设色古雅。

此画作于清乾隆十八年（1753年），其中一幅自识“乾隆十八年良月写于邗江双松堂，宁化瘿瓢子慎”，余皆无款识，每屏钤“黄慎”朱文印、“恭寿”白文印各一。（丁鸿章）

P119

**丁有煜像** 清 黄慎
卷 纸本 墨笔
纵41.7厘米、横188.5厘米

1951年徐赓起捐赠。此像为黄慎应丁有煜之请而作。丁有煜（1682—1764年），字丽中，号个道人，通州（今江苏南通）人，著名诗人、画家，著有《双薇园集》、《与秋集》。他精通书法、篆刻，擅画梅、兰、竹、菊，并融诗、书、画、印于一体，构图独特，内蕴深邃，艺术风格与“扬州八怪”相近，且备受“八怪”中郑板桥、黄慎、李方膺、罗聘等人的推崇。

此像作于乾隆二十年（1755年）。黄慎一反其人物画疏狂豪放的风格，用极工致的白描神情逼肖地刻画了主人公和蔼、儒雅的形象。作者对此作也非常满意，题写道：“须眉宛若难谋面，千古相思在结邻”。画像后，丁有煜题写了《个道人自题七解》和《自传》。卷首，郑板桥特为此画像题写“好藏之”，并在卷中又作题记；卷尾，著名诗人袁枚也题写了长篇韵语，一诉其对丁有煜钦慕之情。此像汇诸名家手笔，弥足珍贵。（陈金屏）

P120

**松溪采芝图** 清 屠倬
轴 纸本 设色
纵186、横108厘米

1964年叶连钧捐赠。屠倬（1781—1828年），字孟昭，号琴坞，晚号潜园，浙江钱塘（今杭州）人。嘉庆十三年（1808年）进士。善画山水，远宗董源、米芾，近师奚冈。兼画花卉兰竹。篆刻宗陈鸿寿，单刀刻款，自然浑朴。亦工诗，著有《是程堂集》。此作画幽深的松谷间，溪涧石桥上一老一少携篮荷锄采芝而归，篮中突出画朱色灵芝一株。松林深处微见寺观房屋。中景高峰上有山泉曲折而下，峰颠有小亭翼然。山谷深处高山掩映，青松满谷，一片苍莽。

此画的最大特色，是松树的画法，画家以松树表现溪涧的近岸、隔岸和后方深谷，形成近、中、远三个层次。近景的松干虬曲盘屈，松叶形如花放，使原本容易单调一片的松林，变得隐现缤纷，饶有生趣、富于动感。远景谷中的松树则重在整体，基本为直干布列，且与近中景过渡自然，浑然一体。画右上自识“癸酉秋月，写为韬文大兄先生雅鉴，琴坞愚弟屠倬”，钤 “屠倬” 白文印、“琴坞氏” 朱文印。（丁鸿章）

P121

**秋山行旅图** 清 顾原
轴 绢本 设色
纵151、横100厘米

顾原，字逢原，一字虎承，号松仙、木公山人、西华山人等，浙江绍兴人。其画笔别开生面，山水、花卉有笔力，亦能作草书。工诗，画毕每自为题诗。有《流觞曲水图》，为世所珍。

此轴画面朗润，山势巍峨高耸，四周群山环抱，流泉潺潺，境界静谧幽深；半山有一亭，几位高士隐逸正切磋书画或观奇书秘籍，远处山栈有役夫劳卒肩担负重向那山走去；山峰交接处隐有楼台亭阁，一切显出画家善于状物写情的修养。画幅左上角自识“戊申清和会稽顾原画于鹤城旅舍”。钤“原”、“西华山人”朱文印。另有近代南通收藏家徐贯恂之“澹庐”钤印。（梁战）

**桃花飞鸟图** 清 范利仁

轴 绢本 设色

纵 178、横 92.5 厘米

范利仁，字西薮，号山茨，别号物外闲人，江苏南通人。工画花鸟、禽鱼，取法徐熙父子，工致华丽，活泼生动，为时所重。此轴为友人祝寿而作，图中画桃色山石，缀以翠竹，又画斑鸠、白头翁及翠鸟，寓意长寿安康，画面恬静而富生机。右上自署：“壬辰□朔日写祝默翁大□八十寿并请政，山茨范利仁”。钤“紫琅范利仁”、“西薮父”朱文印及“物外闲人”白文印。按“壬辰”，此画为清乾隆三十八年（1772 年）所作。(梁战)

P122

**放鹤图** 清 张雨森

轴 绢本 设色

纵 162、横 84 厘米

张雨森，初名雨，号苍野。雍正、乾隆间南通人，张经之子。乾隆时为画院祗候，善山水，得家传，又吸取文嘉风韵，亦善作泼墨画，能诗文。因屡得乾隆嘉赏，故用印有“御赐书画禅”。此轴画山脚溪涧旁山亭内一人放鹤，白鹤向左下掠水而飞。亭下有巨石峥嵘，笔墨坚实。亭后石峰高耸，岚气浮动，化实为虚。亭侧古木挺然而立，枝干萧索，似为秋末冬初之景。画石笔法方圆并用，锋棱爽利，渲染以水墨。只人物着朱衣，树叶间以石绿、淡朱点簇。画幅右上自识“苍野张雨”四字，钤 “张雨之章” 白文印、 “作霖氏”朱文印。（丁鸿章）

P123

**隶书维扬怀古诗** 清 夏时行

轴 纸本

纵 203.3、横 45.7 厘米

夏时行，字寅甫，清初江苏如皋人，诸生。工诗，善画兰。尤善书法，真、草、隶、篆俱精。清初隶书似有明人之风，其实明人隶书多渊源汉唐，而唐隶特色尤多。唐隶极力夸饰外表，结体工整平稳。清初，以傅山、郑簠等人推陈出新，强调个性，别开生面。

此轴隶书维扬怀古一首，诗云：“一上迷楼万感生，香车何处柳青青。相逢莫话雷塘事，千古谁人是独醒。”夏时行存世书作以行、草书多见，隶书实为少见。此作源于唐隶，稍变其扁，而结字多采用古文，篆隶相参，如“生”、“车”、“莫”等字。又时用僻典奇字，如“塘”、“事”、“是”等字。夏时行此作充分代表了明代隶书的风格特征。落款“维扬怀古，夏时行”。钤“培穀轩”朱文印等。（魏武）

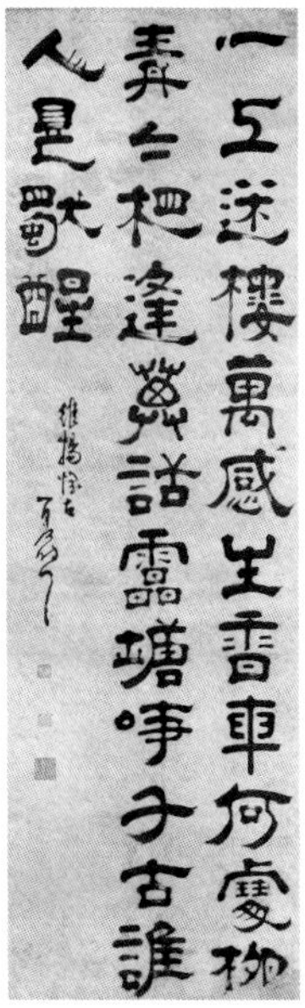

P124

P125

**双雁秋荷图** 清 范箴

轴 绢本 设色

纵160、横95.5厘米

范箴，字心澡，号墨湖，乾隆至嘉庆间江苏南通人。绘事承家法，其父利仁及兄士祯、孙桂，一脉所传，独箴秀颖过之，笔墨外别有神会。擅人物、花卉、鸟兽，画花如迎笑，写鸟如对语，尤长于画牛。此泼墨荷雁图，苍浑生动，朴古奇逸，以水墨带赭大笔挥洒，一气呵成，浑厚中饶有风骨。二雁止于荷塘沙坡间，一站立曲颈遥望，一嘴藏翅腋欲眠，雁体健壮，各现其态，无不入神。其后置荷叶，叶后突露一支莲蓬和数茎芦荻，几笔之间，萧萧秋意，现于幅面。整体结构简练，羽翼分别用浓、淡湿墨点虱，层次组合分明，蹼取橙色，尤以荷荻出笔松疏而随兴，别具神韵。款“墨湖范箴写”。钤“范箴之印”、“心澡”白文二印。另有收藏印“润州陈氏珍藏书画印”一方。(徐志楠)

P126

**水月观音像** 清 林雪

轴 绫本 墨笔

纵146、横50厘米

林雪（女），字天素。明末清初时福建人，寓杭州西湖。工书，善画，画笔秀绝，临摹古画尚乱真。

此图绘站立姿态的观音，头戴化佛宝冠，身着素装，衣裙长袖随风飘向月方，左手掌心向上持净瓶，右手执杨枝，双足系履，形态优美端庄。身后有一月，月不见圆。所用白描出线长韧，衣纹飘逸潇洒，层波叠浪一丝不乱。幅顶置一悬崖锐石，倒挂杂藤，此景用深墨大写意法，水墨淋漓，与水月观音之白描形成了强烈对比。整个画面洋溢着艺术的美感，而神秘的宗教气氛则被淡化。题双款：“己酉浴佛日为越凡道兄敬写于青横阁上林雪”。钤“林雪”白文印。另有“辩利院供奉”、“南通狼山观音院供奉”等四方收藏印。此件原藏杭州辩利禅院，民国三年（1914年）张謇重建南通狼山观音院，又为该院所藏。(徐志楠)

P127

**松鼠图** 清 华浚

轴 纸本 设色

纵123、横46.5厘米

华浚，字贞木，一字绳武，祖籍福建上杭，清乾隆二十五年（1760年）举人，为著名画家华嵒之子。诗、书、画均承袭其父。绘画继承其父清新隽逸、机趣天成之风格，笔墨松秀灵活，设色淡雅柔和。

此图空灵简约，生趣盎然。上方低垂一松枝，枝上藤蔓缠悬，枝头果实累累。溢香迸粒的松房引得松鼠纵身欲摘。图以干笔勾皴松鼠，精细入微，皮毛富有质感。松枝、藤蔓用粗笔勾染，简逸生动。色彩以淡墨为基调，以花青、淡珊瑚红点染其间，幽静雅致。左上作者题诗一首：“石蹊穿雾绕风岩，瑟瑟飞花点碧衫；却见松房迸香粒，讶翻饥鼠绝贪馋。”自署“丙寅四月武林华浚写”。钤“珍木”白文印、“楠”朱文印。(陈金屏)

**采桑图**　清　蔡嘉

轴　纸本　设色

纵126、横63厘米

蔡嘉，字松原、岑州，号雪堂、旅亭，又号朱方老民，江苏丹阳人，侨居扬州。幼习画，年未三十即得名。花卉、人物、山石、翎毛、虫鱼皆能。画人物，须眉神理具足，超脱绝俗。亦工书。

图中绘一普通农家妇女，她左手扶锄，右手提篮，篮中盛有新桑。发式、衣着为当时村妇的寻常装束，上衣至膝，覆盖于裙外。所写衣纹如行书，气足神闲，起落顿挫随形而辗转，浓淡井然有法，巧妙地表现出布料的质感。面部用细笔淡墨勾画，双目广视，神有所注，口角微露笑意，那苦尽甘来、欣慰喜悦的神情，刻画得惟妙惟肖。自题“年年二三月，花落蹋新茵。不知辛苦事，皆为绮罗人”。此诗意也正蕴含在这采桑女的神情中。署“松原老人”，钤“蔡嘉之印”白文、“朱方老民”朱文二印。左下角押“亦号松原”朱文印。（徐志楠）

P128

**行书七律诗**　清　王文治

轴　纸本

纵72.5、横24厘米

王文治（1730—1802年），字禹卿，号梦楼，江苏丹徒（今镇江）人。乾隆二十五年（1760年）探花，官翰林院侍读。乾隆二十九年出任云南临安知府。书法源出董其昌，上宗张即之、李邕。善以侧媚取势，喜用淡墨，与喜用浓墨的刘墉书名相埒，时称“浓墨宰相，淡墨探花。”王文治此书秀逸天成，得王羲之《兰亭序》神髓。骨格清峻，用笔挺健。结体内敛外纵，造微入妙，气脉贯注，风神萧散。难怪翁方纲见王文治书，自谓不如，“盖天分不可及也”。王文治自谓：“忘寒暑，穷昼夜，为书自娱于其间。”其勤奋超乎常人，是传统帖学之前茅大家。此作落款“文治”，钤“王氏禹卿”朱文印、“曾经沧海”白文印。（徐墩）

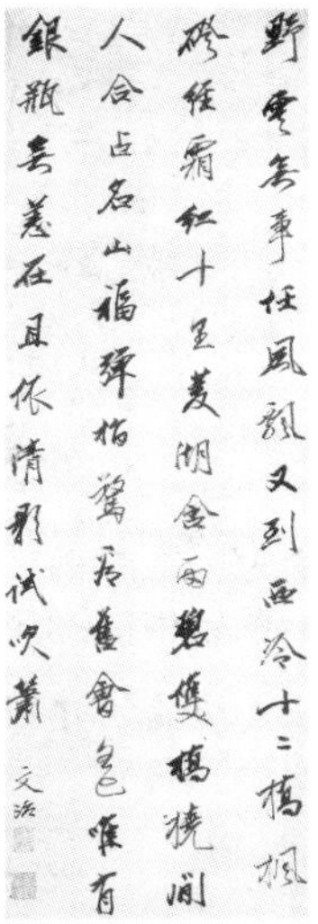

P129

**一亭晴雪图**　清　闵世昌

轴　绢本　设色

纵145、横50厘米

闵世昌，字凤见，号竹堂，别号山外山樵、赤子，江苏南通人。工山水、人物。其岳父张雨森欲荐入内廷，力辞不就，晚年隐居乡里，作画自娱。卒年八十三。此图绘晴雪山景，结构简洁含蓄。用硬笔勾皴雪岭，洗练而清峻；淡墨烘染天与水，衬托出悬日和雪岩，岩端空间雪气未消，日周有晕，描绘得自然而逼真。近处坡上有茅亭，顶存积雪，檐披瓦，雪已溶。亭间一人坐炉旁取暖，一仆提壶下山而归，此番情景在这暗冷逼人之中，具静中见动、寒中见暖的意境。亭施淡赭，主人衣着淡红，亭外有梅，花蕾初放，石间有点白缀红之花叶，在此银装素裹的世界中独显秀丽。此图情、意、形、彩契合无间，令观赏者回味无穷。自题“一亭晴雪晒梅花”，署“山外山樵闵世昌写”，钤“赤子”朱文印等。（徐志楠）

P130

P131

**观音像** 清 罗聘

轴 纸本 设色

纵131、横56.7厘米

罗聘（1733—1799年），字遁夫，号两峰，又号花之寺僧等。原籍安徽歙县，先辈迁居扬州，遂为扬州人。为金农入室弟子。他于人物、山水、梅竹、花卉均有很高 造诣，终身以卖画为业。此幅画观音似一善良朴实的民间妇女，人神一体，是他画神仙鬼怪的一贯立场和讽喻手法。观音形象作夸张处理，头大身小，面部五官和手部皆以中锋写出，用笔肯定，起讫分明。衣纹一波三折，极具表现力。只面、手部着以淡赭，但嘴唇留白，以示神仙身份和画家虔诚敬佛之心。此像作于乾隆三十三年（1768年），幅右自识长题佛家经典《般若波罗蜜心经》全文，署“乾隆三十三年六月十九日前身花之寺僧罗聘盥手敬图”，钤“扬州罗聘” 朱文印、“人日生人” 白文印。启首钤椭圆形“大欢居” 白文印。该画上中部有新安曹柱题写的佛咒语句。右侧有曹柱长题“七佛偈”。（丁鸿章）

P132

**骑驴过桥图** 清 钱球

轴 纸本 设色

纵170.5、横92厘米

钱球，字石亭，江苏南通人，工花鸟、人物，山水尤佳，取北苑技法，与其弟钱莹、子钱恕成一家画派，通之习画者咸宗之，里人誉谓“通州三钱”。此图结构严谨，取高远布局。山峦连绵重叠，高耸的主峰从前方扑面而来，气势雄伟。中景山岗间，有山村茅舍，围土墙，其周有常绿树环列成排。近处笔重墨深，山峦石坚，林多古木，从石罅迸出，盘虬多姿，树叶尽脱，枝梢伸如龙爪，强劲有力；石间露一泉，奔流酣畅，上架一桥，有驴驮人而过，动静交错，情景相融，颇具生机。幅右上布阔远之山景，墨淡笔疏。全幅为淡设色，树石为浅绛，石面及常绿树赋淡青。石取钉头夹雨点皴，显得古朴而苍劲。右上角款署“乙卯初夏月五山钱球写”，钤“钱球印”白文、“石亭”朱文印二方。按“乙卯”，此画作于清乾隆六十年（1795年）。（徐志楠）

P133

**看泉图** 清 钱莹

轴 纸本 墨笔

纵238.5、横117厘米

钱莹，字石侪，江苏南通人。善山水，“通州三钱”之一。此图章法取高远、深远、平远三结合，展示了寒季山川重重迭迭、回环起伏的广阔景色。近处两株古树下有茅庐，一雅士踱步室外赏泉。巨岩自近伸向前方，岩边亦有古木相缀，远处有岭，山石以淡墨短披麻皴为主，较石亭用笔空灵秀逸；树取鹿角式，用笔槎丫老辣，千枝万枝多而不乱，互不相撞，表现了“钱家画”浑厚古朴的风貌。右上岩间，有瀑布直泻，泉水穿石绕树，随山势转折奔流而下，其墨色清润，笔势迅疾流畅，加之为淡墨岩石所衬，在整幅中占有醒目的位置。落款传宋人风，恐影响画面的完整，只在右下角石之隐处署“钱莹”名款，钤“钱莹之印”白文印。原收藏印：“通州张子所藏金石书画印”朱文印。（徐志楠）

**雪山行旅图**　清　钱恕

卷　纸本　设色

纵35、横1005.7厘米

刘世珩捐赠，博物苑早期藏品。钱恕（清），字达中，号心斋，江苏南通人。善画山水，错综唐宋合南北宗而自成一家。与其父钱球、叔钱莹因山水画独具风貌而被誉为“通州三钱”。嘉庆十五年（1810年），钱恕编著完成《钱氏画谱参解》，此为钱恕对本人及父辈作画心得的总结。对《芥子园画传》中的山水画论亦作了参订和解释。此卷创作于清嘉庆二十年（1815年），描绘的是乘骡行商旅行于万重雪山、沼泽平原的场景。作品空灵简约，闲静幽远，画家以洗练的笔墨表现了江山大地白雪皑皑、寒气逼人的自然景象。作者自题：“嘉庆二十年春正月心斋钱恕写于集虚山房”。钤“钱恕之印” 白文印、“心斋”朱文印。收藏印：“曾经贵池南山邨镏氏”。卷后钱恕再题：“昔东坡云文以达其心，画以适其意，以适意而晚，多雪景者范仲立已先我而为之，一卷既就，能无动于河朔之思欤。集虚山房再笔。”钤“钱恕之印”朱文印、“心斋”“江左布衣”等白文印。（陈金屏）

P135

**行书七律诗**　清　洪亮吉

轴　纸本

纵62、横36厘米

洪亮吉（1746—1809年），江苏阳湖（今常州）人。字稚存，号北江，又号更生居士。少孤，乾隆庚戌（1790年）榜眼，官编修，督学贵州。以诗文、地理名重一时。著有《北江诗话》。《清史稿》卷三百五十六有传。洪亮吉书以小篆名世，行草书难得一见。此轴书写自作七律诗，并署：“自州城抵琅山道中作，抄于白衣禅院，即为惟公上人正之。”此轴不仅书法艺术高超，而且诗篇美妙。饱含情感的书法线条与诗篇意境有机结合，呈现出无限壮美的图画，令人心旷神怡。此作落款“更生居士洪亮吉”，钤“洪亮吉印”白文印、“更生居士”

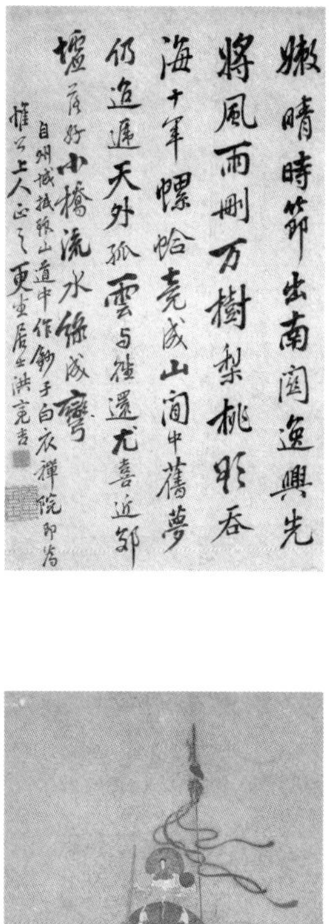

P136

**千手观音像**　清　项醇

轴　纸本　设色

纵94、横54厘米，诗堂纵26厘米

项醇，又名承醇，字泗舸，号云谷，又号卢峰侍者，安徽歙县人。此图绘观音结跏趺坐于莲花座上，举止端庄；其体左右各出十二手，象征千手，掌藏有眼，上两臂高举，手指祥云中化佛左右之日和月，其他手各执如意、数珠、宝剑、三戟叉等多功用的法器和兵器，寓意能降邪息祸。

整幅为白描填重彩，色浓而不艳，观音露体部敷粉白。技法功力主要表现在臂、手和腕指上，用线修长圆润，弯曲度丰满秀丽、纤巧多姿，富有灵活多变的动感。观音身后淡描仿金色如意形云纹图案。此像作于清嘉庆二十年（1815年），左下署款：“嘉庆乙亥二月歙邑弟子项醇斋沐敬写”，钤“卢峰侍者”白文、“项醇”朱文二印，右下角押“项承醇字泗舸号云谷”白文印。另有胡夔章敬奉的题款。诗堂为周易楷书“千手千眼无碍大悲心陀罗

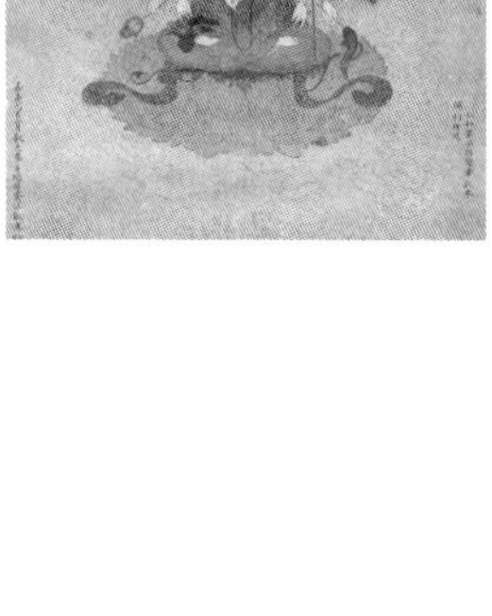

P137

尼”，钤“臣周易印”白文印。曾为杭州辩利院摩松堂、南通狼山观音院先后收藏。（徐志楠）

P138

**荷花图** 清 李敩谟

轴 纸本 设色

纵180、横95厘米

李敩谟，字研云，一作思耕，晚年字息耘，或作吸云，江苏南通人。工诗画，善行草，擅花鸟、虫鱼。平生画荷花为多，时人称他“李荷花”。日本人重其画。

此图中的荷花有争先怒放，有含苞待露，有独占鳌头，也有掩于隐处，在这浓淡方圆的叶片和长短弧线交叉的荷茎水草中，独有一枝莲蓬依偎其间，由此组成以虚写形，以意生韵的荷塘清趣。整幅清雅多姿，勾勒流畅，茎草横空穿插，持显清丽峻峭，叶片笔痕苍润，翻卷仰俯自如，各物间因墨中加胶而不互相渗散，色融于墨，一挥而就，形成“李荷花”修然妍雅的神韵。右上自题七绝：“隔水波摇冷若烟，疎帘清簟客酣昭。因君写出潇湘意，人在清虚小有天。”署款“息沄居士李敩谟画”，钤“敩谟”白文、“吸云”朱文印二方。（徐志楠）

P139

**东山丝竹图** 清 任颐

横幅 纸本 设色

纵142、横77厘米

任颐（1840—1896年），初名润，字小楼，后字伯年，号次远，别号阴山道人，山阴（今浙江绍兴）人。早年从父学画，后在苏州拜任薰为师。擅画花鸟、人物、走兽、山水、肖像等，无一不精。仕女画近费晓楼，人物画法陈洪绶，并创没骨肖像画法。绘画重视传统，并吸收西画技法，形成丰姿多彩、新颖生动的独特画风，为清末“海派”绘画的代表性画家。这幅东山丝竹图表现的是东晋谢安隐居行乐借以韬光养晦的故事。画面中央为两乐女，皆半侧身坐于地，琵琶偃卧，洞箫息奏，身边是一抱琴侍童的背影，在他们的左上方，主人公谢安正全神贯注地抚琴。此画创作于光绪丙戌年（1886年），当时任伯年47岁，正处于艺术创作的高峰期，作品构图完美，人物神态生动，衣褶线条犀利细谨，设色典雅清丽，有极高的艺术价值。款题：“紫封仁兄大雅之属，即是就正。光绪丙戌长至后一日，山阴任颐并记于古筑耶城之颐草堂”。钤“颐印”、“任伯年”二白文印。（杜嘉乐）

P140

**集石鼓七言联** 清 吴昌硕

纸本

纵132、横30厘米

吴昌硕（1844—1927年），原名俊、俊卿，字昌硕，号缶庐、苦铁、破荷、老缶、大聋，七十以后以字行，浙江安吉人。清末诸生。曾任丞尉，旋升江苏安东（今涟水）县令。后寓上海。书画篆刻俱卓尔不凡。擅写“石鼓文”，用笔结体朴茂雄健，古气盘旋，自成一家。行书初学王铎，后冶欧、米于一炉，晚年以篆隶笔法作狂草，苍劲雄浑，对近世书坛有重大影响。能诗。著有《缶庐集》、《缶庐印存》。此联作于清光绪十三年（1887年），字势端庄平和，圆劲浑厚，朴茂自然。虽没有晚年作品恣肆，却也没有晚年的一些习气，颇具韵致，耐人品味。落款“昌石吴俊”，钤朱文印“俊卿之印”和白文印“仓硕”。（徐墩）

**松荫论道图**　清　倪田

轴　纸本　设色

纵140、横80厘米

倪田（1855—1919年），初名宝田，字墨耕，又号璧月庵主，江苏扬州邗江人。其画初学王素，擅人物仕女及佛像，尤长于画马。光绪中行商至沪，爱任伯年画，遂参用任法画水墨花卉及山水，颇负时誉，是海派著名画家之一。此轴画一直干青松，松下两块巨石，并杂树两株，石后坪上有两人坐而论道，一朱衣年长者倚几而坐，似发宏论，对面一白衣年幼者端坐敬听。石坪旁有溪水潺潺下泄于涧，涧上架石板为桥，桥上一童子提壶汲水而归。巨石嶙峋，远山如影，若闻松风泉声起于山麓。画法师任伯年，以水墨为主，略施淡赭浅朱，然虽有清新腴润之气，终不及任氏之潇洒爽峻。图右上自识“松荫论道图，时乙卯夏日，邗上倪田墨耕写于璧月庵”。钤 “宝田日利” 白文印、“墨耕” 朱文印。（丁鸿章）

P141

**行楷六言联**　近代　韩国钧

纸本

纵147、横37.5厘米

1988年任哲维捐赠。韩国钧（1857—1942年），字紫石，晚号止叟，江苏海安人，晚清举人，曾任江苏省省长。辞官回故里兴办盐垦、教育、水利事业，与张謇同誉为苏北两大名贤。陈毅赞其为“民族抗战之楷模”。书法胎息于颜真卿，用笔淳厚古拙，结体宽博开张。常为慈善事业鬻字。

此作上联出自曹丕的《与朝歌令吴质书》，原文为：“浮甘瓜于清泉，沈朱李于寒水”，下联出自屈原的《离骚》，原文为“朝饮木兰之坠露兮，夕餐秋菊之落英”。《离骚》是屈原爱国名篇，韩紫石集其句为联，从中可体会到老人高洁的品格和爱国情怀。此联行笔沉稳，字体结构严谨，利落舒展，具有圆紧浑厚的气势。联意与书法完美结合，气韵贯通，体现了从容闲雅、活泼天真的艺术魅力。此为作者书风成熟时期的精品之作，创作于民国七年（1918年），署款：“戊午首夏　韩国钧”，钤“止叟所作” 朱文印、“韩国钧印”白文印各一方。（陈金屏）

P142

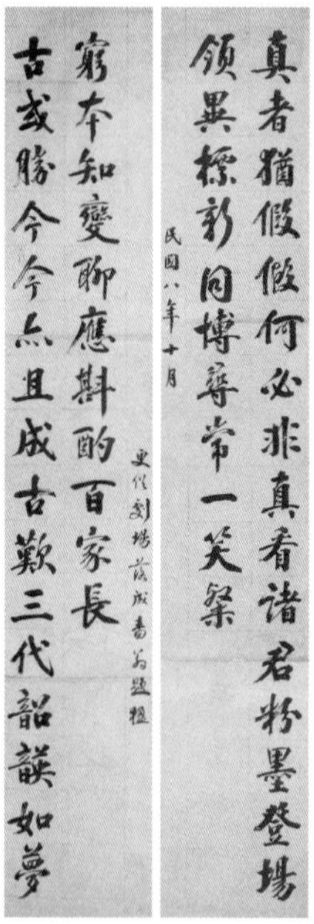

P143

**行楷更俗剧场联**　近代　张謇

纸本

纵303.5、横50.8厘米

张謇（1853—1926年），字季直，50岁以后号啬庵，晚年则自号啬翁。江苏南通海门人。工书能诗文。书法颜真卿，参以欧阳询，行笔沉稳矫健、苍劲厚重，结体俊爽流丽、脱俗出新。常为慈善、公益等事业基金鬻字。著有《张季子九录》、《张謇日记》等。此联是1919年张謇为更俗剧场落成撰写。张謇认为，戏剧艺术在社会上号召力量最大，可对其改良后以劝励世俗。更俗剧场就是其戏剧改革实践基地。剧场建成后，张謇特建梅欧阁，以此来褒扬梅兰芳和欧阳予倩精湛的表演艺术，并促进他们所代表的艺术流派能沟通、融合，以推动戏剧事业的发展。联语阐述了戏剧艺术的辩证关系，同时也表达了他这一主张。此作为张謇晚年所书，是其代表之作。（赵翀）

P144

观音像　近代　顾麟士

轴　纸本　墨笔

纵74、横40厘米

顾麟士（1865—1930年），字鹤逸，自号西津渔父，江苏苏州人。祖父文彬是清道光间进士，家藏名人墨迹富吴下，麟士睹其宝，摹其墨，涵濡功深，故笔多逸气。并集契友会画其园，有云林清秘遗风，平生以山水传名。图中观音身着白衣，肃然端坐于岩石之巅，静观石下泉水，俨如一尊玉雕；身后画一古树，旋根转干，千蟠万曲，其枝迎空直昂，树梢挂藤绥绥。观音面部及衣纹，用笔工整。古木用勾勒，墨染较深，树端用鹿角式笔法出梢。山石皴擦颇显浑厚之势。此图布局严谨，构思独特，气韵清逸俊朗。此画作于1920年，自识“岁在涒滩月元日佛弟子顾麟士敬写大士像供奉琅山观音院惟愿先妣朱太夫人超登极乐早见如来一切天人咸证斯果”。钤“顾麟士”白文印及“南通狼山观音院供奉”等印。（徐志楠）

P145

**芭蕉竹菊图**　近代　陈衡恪

轴　纸本　设色

横4.3、纵174.2厘米

博物苑早期藏品。陈衡恪(1876—1923年)，字师曾，号槐堂、朽道人，江西修水人。曾任教于通州师范。其诗、文、书、印俱佳而尤长于绘画。画题材广泛丰富，笔墨高深博大、清奇浑厚，富有创造性。山水初学龚半千，后又学得石涛的浑沦和沈石田的健爽。花卉得到吴昌硕的亲传，又追踪徐青藤、陈白阳及“扬州八怪”的画法，形成独到的大写意风貌。此图描绘清秋园景：一块怪石前挺拔兀立一株芭蕉，秋雨之后几叶残破、几叶垂黄，几枝野菊依石伴地而生，石后数竿细竹隐约摇曳。左侧题自书诗一首。芭蕉用笔畅快、气势雄健，蕉叶分别以浓淡燥湿几笔就把萧瑟的秋意表现出来；用重墨勾石压住画面，转以轻盈笔调挥洒点染菊、竹，又把画面引向明丽，给寂寥萧索的秋景增添了几许清趣。整幅作品大气磅礴、古朴自然，体现出作者深厚的功力和修养。（赵明远）

# 后 记

2004年3月，博物苑策划“南通博物苑一百年暨中国博物馆事业发展百年庆典活动”方案。策划过程中大家有一个共识，在活动中有一项重要的内容就是编辑出版纪念南通博物苑百年苑庆的相关书籍，如纪念文集、文献集、苑史图录、精品文物图集等。

纪念文集和文献集在八十、九十苑庆期间都曾有编辑印行，而苑史图录和精品文物图集则是建苑一百年来首次编纂。编辑出版比较全面地反映苑藏文物概况和研究水平的图集，对博物苑的同仁来说，通过对苑藏文物的研究，撰写有关说明，也是一次业务能力和文物鉴赏水平得到提升的机会。我们发出文物说明的征稿启事后，苑内业务人员，特别是年轻的同仁积极参与撰写；同时，因其是百年庆典的重要内容，也得到苑外专家学者的支持。

在本图集编撰过程中，我们还得到了博物苑老领导和老专家学者的大力支持和帮助，他们对编撰工作提出了很多宝贵的意见和建议。联华影艺发展有限公司对于文物图片的拍摄也给予了大力支持。文物出版社在本图集的编辑出版工作中也是鼎力相助，为尽快出书，保证书稿的质量，他们真诚合作、认真负责，高质高效的工作精神和作风给我们留下了深刻的印象。

在此，我们向积极参与撰稿的苑内外人士，以及对本书的编辑出版给予支持的单位和个人一并表示最诚挚的谢忱！

编　者

2005年8月

封面设计　张希广
责任校对　周兰英
责任印制　张道奇
责任编辑　张广然　李　飏

图书在版编目（CIP）数据

南通博物苑文物精华／南通博物苑编.—北京：文物出版社，2005.9
ISBN　7-5010-1787-5

Ⅰ.南…　Ⅱ.南…　Ⅲ.文物－简介－南通市
Ⅳ.K872.533

中国版本图书馆 CIP 数据核字（2005）第 095674 号

南通博物苑文物精华
南通博物苑　编

文物出版社出版发行
（北京五四大街 29 号）
http：//www.wenwu.com
E-mail：web@wenwu.com
北京燕泰美术制版印刷有限责任公司印刷
新华书店经销
889 × 1194　16 开　　印张：13
2005 年 9 月第一版　　2005 年 9 月第一次印刷
ISBN　7-5010-1787-5/K · 945　定价：180.00 元